SKILLFUL SPEAKING

100 SPEAKING TEXTBOOKS CONCENTRATED IN 1 BOOK

最強說話術

將「一百本說話術暢銷書」重點整理成冊

座談會講師、簡報高手、知名企業家……具備的說話祕訣完整收錄

文道　藤吉豐　小川真理子

游韻馨 ———— 譯

序

這是**一本統整「一百本」說話術名著精髓的書**。

「將座談會講師、記者、主播、評論員、簡報高手、知名企業家等一流說話專家具備的『說話祕訣』統整在一本書裡。」

「讓讀者依重要順序，學習各領域說話專家重視的說話技巧。」

這就是本書的概念。

我們的前一本書《最高寫作法》是以「書寫用語」、「文章的溝通技巧」為主，**本書則是針對以「口頭用語」、「口頭和面對面的溝通技巧」聞名的專家，嚴選共通的技能知識進行排名。**

創作本書時，筆者藤吉豐與小川真理子研讀了一百本說話術名著。結果發現無論是以獨特話術著稱的知名企業家、備受各界信賴的商界人士、深入淺出的解說深受觀眾喜愛的記者，還是高人氣YouTuber，這些能言善道的人具備的基本技巧沒有太大差異。

本書以簡單扼要的方式，向各位介紹說話專家共通的技能知識。

◆決定排名順序的方法

為了收集更多說話專家認為「重要」的共通技能知識，本書依照下列順序篩選編纂。

（1）購入「一百本」以「說話術」、「表達技巧」為主題的書

包括日常會話、商業對話、閒聊、簡報、溝通的暢銷書、長銷書等，選擇基準請參閱第二一六頁的詳細說明。

（2）整理出每本書寫了哪些技能知識

仔細閱讀書籍，找出作者認為「重要」的祕訣。

（3）將共通技能知識列成清單

將類似的「技能知識」統整在一起，記錄有「幾本書」寫下同樣的技能知識。舉例來說：

・寫「對話期間眼神位置」的書有〇本

・寫「留白方式」的書有〇本

・寫「適合閒聊的主題」的書有〇本

・寫「提問方法」的書有〇本……

（4）將技能知識排出先後順序

依照「刊載的書籍數量」為技能知識排出先後順序。

下一頁的排行榜就是依照以上順序製作而成。

發表！「說話技巧、表達法」的重要

所有人都該學會的七大基本原則

No.1 對話時以「對方」為中心

No.2 「表達順序」決定「表達方式」

No.3 說話應張弛有度

No.4 提出「好問題」讓對話更順暢

No.5 善用「保證有趣的話題」維持閒聊熱度

No.6 「讚美」是人際關係的潤滑劑

No.7 看著對方的眼睛

順序排行榜　Best 40！

提升「說話力」與「表達力」的十三個重點

No.8	說話內容要具體
No.9	「附和」與「點頭」是「同感的表現」
No.10	先道歉再解釋
No.11	想說的話「愈短愈好」
No.12	帶著笑容說話
No.13	可以責罵但不能怒罵
No.14	與輩分較高的人說話應保持客氣的態度
No.15	以「簡單」、「溫暖」的話語表達自己的想法
No.16	不說、不聽，也不參與「在背後說別人的壞話」
No.17	加上動作和手勢
No.18	不打斷對方的話
No.19	說重點更能有效表達
No.20	對話與簡報的關鍵在於「引導」

備受信賴與喜愛的二十個溝通祕訣

No.21	演說的九成靠「準備」
No.22	完美的人際關係從周到的打招呼禮儀開始
No.23	任何人都能靠練習成為說話與表達的高手
No.24	利用比喻和舉例讓對方聽懂
No.25	自我揭露「從自己做起」
No.26	不強迫別人配合自己
No.27	多說「謝謝」勝過「對不起」
No.28	詞彙力與表達力成正比
No.29	多說正面的話
No.30	對不同立場的人一定要表達敬意
No.31	「做好準備」與「提高音量」有助於克服緊張
No.32	儀態可改變印象，也能改變說話聲音
No.33	演講和上台發表時要帶著關鍵字小抄
No.34	牢牢記住對方的名字
No.35	講電話也要「面帶笑容」
No.36	重點要再三強調
No.37	利用站位、坐位與距離改變現場氣氛
No.38	告別時說的話讓人留下好印象
No.39	拒絕時應果決明快
No.40	戒掉「那個……」、「欸」等用語

◆善用排行榜的方法與本書構成

本書將從一百本書萃取的四十個重點分成三大項。

・第1～7名（➡請參閱Part1）

多數作者認為「重要」的七大技能知識。無論與對方的關係如何，這是所有人都要學會的基本原則。

只要注意這七大技能知識，在任何場合都能做到以下幾點：

「簡單扼要且精準表達自己想說的話。」

「正確理解對方想說的話。」

「與對方建構良好關係。」

・第8～20名（➡請參閱Part2）

理解「第1～7名」之後，若想進一步提升說話技巧，讓對話內容更簡潔，就要學會這些技能知識。

・第21～40名（➡請參閱Part3）

說話專家也容易出錯或意見分歧的技能知識。熟稔「前二十個項目」之後，再學習Part3。

筆者藤吉與小川拋開個人的主觀意見，以嚴肅、客觀的立場，抱持著平常心，從一百本書嚴選出共通的技能知識，分門別類地整理，依重要度排出先後順序。

由於每個項目都是獨立的，各位可以任意選擇閱讀，也能系統性地了解各大重點。

◆關鍵字「共通的技能知識」究竟是什麼？

誠如前文所述，本書聚焦於「兩本以上的書共同介紹的技能知識、原則與祕訣」，並加以統合整理。

舉例來說，如果兩本以上的書提及「說話時要看著對方的眼睛」，即代表這是多數專家認可的「共通技能知識」。

> ◉共通的技能知識……多數會話高手與一流的說話專家具備的技能知識。

「兩本以上的書提及同樣的技能知識」，代表不可忽略「這項技能知識」。

一百本書只有「一本」提及的技能知識，是該書作者特有的智慧結晶，也可能是「該書作者認為重要，其他作者並不重視的技巧」。

由此可見，若一百本書有七十本提及相同的技能知識，即可看出這是很重要的關鍵。

我們的論點如下：

「比起只有一本提及的訣竅，先學會許多書提及的技能知識，更容易提升自己的說話技巧。」

「無論是否思慮周全或有沒有才華，只要學會共通的技能知識，任何人都能磨練自己的說話能力。」

◆本書優點

本書優點主要為以下九點：

本書的九大優點（可學會的技巧與獲得的效果）

①說話時不緊張且保持自信的態度。

②可正確表達自己的意見。

③可正確理解對方的意見。

④與任何人都能相談甚歡。

⑤說話方式不會使對方不愉快。

⑥解決「不知該說什麼」的煩惱。

⑦演講和簡報時可以打動聽者的心。

⑧學會受人喜愛的說話技巧。

⑨具備口袋技能。

第九點口袋技能的原文是「portable skills」，直譯就是「可以隨身帶走的技能」。簡單來說，就是不受到業種、職種的限制，在任何職場都能用到的技巧。

說話力是所有商界人士必備的「泛用技能」。說話力不受時代與環境變化影響，隨時隨地都能運用在各種工作類型之中。

◆本書對象

本書的整體結構不限定職業、年齡與目的，可幫助多數人提升自己的對話能力。

本書介紹的技能知識很容易重現，任何人都能輕鬆運用（或模仿）。

- **因為業務關係必須透過報告、聯絡、商量、商務談判、簡報、打電話約見面等「說話」型態溝通的商界人士**
- **從事必須在眾人面前說話的職業，例如座談會講師、學校老師、演說家、主播、主持人、解說導覽人員等**
- **想與朋友、家人、親戚、同事、主管與下屬、客戶、媽媽朋友、鄰居順暢溝通的人**
- **製作YouTube影片、在Clubhouse獻聲的讀者（或想嘗試這類工作的人）**
- **需要口頭發表論文、報告的學生**
- **想在入學考試或求職面試時，增加應變能力的學生與社會新鮮人**

「市面上有許多介紹說話術的書籍，但不知道該讀哪一本。」

「我曾經買過介紹說話術的書籍，但作者的個性太強烈，我無法仿效他的做法。」

「我不擅長在眾人面前說話，想學會基本的對話技巧。」

「我很擅長在眾人面前說話，但想要重新學習基本的對話技巧。」

「我想確認自己的說話方式是否正確。」

如果你有這樣的煩惱、心願或想法，衷心希望本書能成為你的助力，這是身為作者最大的榮幸。

株式會社文道　藤吉豐／小川真理子

最強說話術

Contents

Part.3 進一步提高溝通力的「二十個祕訣」

排行榜第21～40名

Part.1

一百本
名著傳授
真正重要的
「七大原則」

排行榜第1～7名

No. 1 對話時以「對方」為中心

Point

1. 「聽」比「說」更重要
2. 不否定對方的意見
3. 說對方想聽的話

第一名是「對話時以『對方』為中心」。

在一百本說話術名著中，有七十本書提及「對話時以『對方』（聽者）為中心」。

「與人談話時要以對方為主」的意思如下：

- **仔細聆聽對方說的話。**
- **說對方想聽的話。**

不少說話專家認為，說話時以對方為主角是很重要的態度。例如：

「圍繞對方展開話題。」

「與對方說話時，不搶對方風采。」

「說話時站在對方的立場。」

「配合對方，臨機應變。」

有另一個人存在才能完成對話。簡單來說，「不在乎對方的想法」，自顧自地說出自己想說的話，根本不算對話。

捨棄自我本位，也不要獨善其身。與別人說話時以對方為主角，就能創造愉快的對話經驗。

◆說話專家公認「人人討厭的對話內容」有以下特性

- **否定對方說的話**（強迫對方接受自己的想法）。
- **一直談論自己想說的話**（對方不關心的話題）。
- **以居高臨下的態度給建議。**
- **忽略對方的理解程度。**

身兼日本Yahoo!學院校長與武藏野大學創業學院院長的伊藤羊一，在其著作寫道：「**若只秉持『我想向對方傳達意見』的觀點**（稱為『主觀自我』），**就無法理解聽你說話的人是什麼心情，自然無法將你的想法傳達給對方。**」（《極簡溝通》／平安文化）點出設身處地的重要性。

1 「聽」比「說」更重要

俗話說得好，「善言必善聽」。口才好的人通常注重以下兩點：

- **聽別人說話。**
- **盡量讓對方說話。**

「聽」比「說」更重要的主要理由為以下三點：

（1）人通常喜歡「聽自己說話」的人

口才好的人很清楚大家都喜歡**「聽自己說話的人」，這是因為「聽自己說話的人」會讓自己覺得很重要，產生自重感**。

自重感指的是「希望別人認為自己很重要」、「希望別人認可自己」的心理需求。

記者池上彰對於聆聽的重要性，曾經做出以下表示：

「對一個人來說，有人聽自己說話是格外開心的事情。若是初次見面的人專注聽自己說話，更能讓自己感動不已。不僅如此，說話者也會對聆聽者感覺親切，產生好感。」（《傳達力》／天下雜誌）

身為作家的心理諮商師五百田達成在著作中表示：**「聆聽就能讓你人見人愛」、「神奇的話，只要聽對方說話，別人就會覺得你『很健談』、『很好聊天』，甚至認為你『很有趣』。」**（《一句話，好感度暴增、反感度爆表！》三采）

興致勃勃地聽對方說話，讓對方知道「你是一位聆聽者」，就能贏得對方的信任。

（2）可加深自己的知識和見解

「自顧自地說話，從不聽別人說話」的人無法吸收新資訊，聽別人說話也是加深自己知識的機會。

話說回來，「說話」與「聆聽」究竟該維持多少比例最適當？

統整說話專家的意見，適切比例大致為：

- **說話（說出自己的意見）：兩到三成**
- **聆聽（聆聽對方的意見）：七到八成**

（3）可以掌握對方的需求

業務洽談最重要的是掌握對方需求，提出可以滿足對方需求的企劃。

一味宣傳自家商品的特色，很難獲得客戶青睞，拿下訂單。

話說回來，究竟該如何掌握對方需求？**養成積極聆聽（Active Listening）的習慣，隨時提醒自己「多聽少說」，就能有效掌握對方需求。**

◆積極聆聽的六大重點

積極聆聽是美國臨床心理學家卡爾・羅傑斯（Carl Rogers）於一九五七年提倡的聽話技巧，一般譯為「傾聽」。

比起安靜聽對方說話，「傾聽」更加強調「我對你說的話感興趣」、「我認真聽你說話」等態度。

積極聆聽的六大重點

（1）點頭／附和（請參閱第9名的解說內容）

「原來如此」、「很好」、「你說得很對」

（2）眼神接觸（請參閱第7名的解說內容）

（3）複述對方說的話（重複對方的意見）

「原來如此，你的意思是〇〇」、「是啊，就是〇〇。」

（4）換句話說

「你的意思是〇〇，對吧？」

（5）提問（請參閱第4名的解說內容）

「我懂了，這樣的話，關於〇〇，你有什麼想法？」

「原來如此，你說得對。這麼說的話，這一點你有什麼想法？」

（6）做筆記

雅虎日本株式會社的常務執行董事本間浩輔，認為積極聆聽是雅虎的「一對一會議」（主管與部屬一對一進行溝通）中，最具代表性的溝通技巧。

「積極聆聽最有趣的是，在大多數案例中，聆聽者認為自己只是複述對方說的話而已，但說話者並不認為對方只是在重複自己說的話。重點是，絕大多數的說話者都認為對方展現出『認真聆聽』的態度。」（《解放員工90%潛力的1對1溝通術》本間浩輔／台灣東販）

2 不否定對方的意見

即使自己與對方的意見不同，也不要立刻否定，說出「你錯了」、「這個看法錯誤」等回應。單方面斷定「某件事（或觀點）錯誤」，只會讓對方感到被冒犯。

「不否定對方的意見」並非「迎合對方的意見」或「捨棄自己的意見」。表達自己的意向與意見也很重要（關於反駁方式，請參閱第14名的解說內容）。

筆者參考了七十本名著，統整「在不讓對方感到被冒犯的狀況下，讓對方聆聽我方意見的方法」，結果如右圖：

該如何表達反對意見？諮商師大野萌子給了以下建議：

「第一步請先接受對方的說法，認同對方的想法後，再說出自己的意見。只要先展現認同的態度，即使後來說出反對意見，對方也較容易聽進去。」（《這樣說話，讓你更得人疼》／平安文化）

表達自己意見的四大步驟

①充分聆聽對方的話

⬇

②詢問對方有這種想法的原因

⬇

③接受對方的意見（告訴對方我理解你的意思）

⬇

④闡述自己的意見（切勿斷言、斷定）

×錯誤範例

對方：「若想降低成本，我認為B案比A案更有效。」

自己：「我反對，B案根本辦不到。實施B案註定會失敗，A案是唯一選擇。」

○正確範例

對方：「若想降低成本，我認為B案比A案更有效。」

自己：「原來如此，為什麼你覺得B案更有效呢？可以告訴我原因嗎？」（接受意見／詢問原因）

對方：「原因就是〇〇〇〇〇〇。」

自己：「我明白了，你的想法也很合理。話說回來，如果採取Ｂ案，必須花點時間才能真正實行，實施Ａ案可以立刻看出效果，你覺得如何？」（接受／闡述自己的意見）

錯誤範例 直接否定對方的意見，強迫別人接受自己的意見，這個做法只會讓對方反感、反彈。

正確範例 先展現同理的態度，告訴對方「我理解你的想法」、「我也知道你想說的話」，接著以「你覺得如何？」的方式表達自己的意見。

闡述反對意見時，不要用「但是、不過」等用詞，而是用「話說回來」這種比較中性的說法，淡化否定的弦外之音，降低對方的抗拒心理。

3 說對方想聽的話

將「自己要說的話」放在後面，選擇話題時，請優先選擇「對方想問的意見」、「對方想說的話」。

知名溝通專家桐生稔在書中寫道：「**以對方想說的話、對方想聽的事情為話題，無論聊多久都不冷場。**」（《一流、二流、三流的說話術》／商周出版）

不只是成功企業家，也協助客戶發展公司業務的永松茂久，在書中提出「受人喜愛的說話方式」，其中之一便是「闡述對方想聽的話」。

「以『幫助對方』為出發點說話，對方自然能感受到，於是認真聆聽你說的話。『不要說自己想說的話，而是闡述對方想聽的話』，各位務必謹記在心。」（《共感對話：1分鐘讓人喜歡的對話術》／三采）

若只說「自己想說的話」，雙方的對話就不容易推展，也很容易導致誤會，產生爭執。將自己的立場放在後面，優先考慮對方的立場，才能讓彼此對話更為愉快。

No.2 「表達順序」決定「表達方式」

Point

1. 先說「結論」
2. 結論→說明」的「倒三角形」為基本原則
3. 若想提高說服力，建議採用「結論→理由→具體事例→結論」的「PREP法」

第二名著重的是溝通對話的「模式」。

重點如下：

- **建立從開啟到結束對話的架構。**
- **依照順序，開頭先說A，接著談B，最後提及C。**

套用模式有以下五大好處：

◆套用「模式」的好處

（1）再也不用猶豫該以什麼順序說什麼內容。

（2）正確表達結論（主題）**。**

（3）釐清根據和原因。

（4）理論展開不容易產生破綻。

（5）不會缺漏資訊。

大多數說話專家都認為「說話順序與說話內容同等重要」、「說話順序一改變，理解度也會跟著變」。

茶道家鹽月彌榮子對於說話順序的重要性，做出以下表示：

「說話時若不思考順序，想說什麼就說什麼，等於帶著聆聽者走上沒有目的地的旅途，讓人擔心火車會不會脫軌。說話者在開口之前，一定要細心安排說話順序。」（《優雅的說話技巧》／光文社）

此外，《不只令人心動，更讓人行動的言語力》（遠流）的作者梅田悟司也指出說話模式的重要性：

「熟悉模式就能縮短自己用字遣詞的磨練過程，找出最佳捷徑。」

為各位介紹許多說話專家愛用的兩種模式。

說話專家愛用的兩種模式

（1）倒三角形……「結論→說明」

先說結論。

（2）PREP法……「結論→理由→具體事例→結論」

說完結論後，陳述導出結論的原因和具體事例，最後再次強調結論。

1 先說「結論」

無論是倒三角形或PREP法，都是「先說結論的說話模式」。

結論就是**「自己最想表達的意見」、「對方最想知道的事情」**。

先說結論**能讓聆聽者先理解對話目的和主題**（要談什麼），**接著**

再聽對方說話，提高理解程度。

先說結論有以下六大好處：

◆先說結論的六大好處

(1) 明確表達「這次要說什麼」（話題）。

(2) 正確表達「說話者最想說的話」、「聆聽者最想知道的事情」。

(3) 如果中間被打斷（例如時間到了，無法再說下去），**也不怕缺漏重點。**

(4) 先說「最重要的資訊」，無須煩惱「開頭要說什麼」（導入對話）。

(5) 可讓聆聽者更關注說話者的意見，讓聆聽者進入狀況（專注聆聽到最後一刻）。

(6) 短時間就能傳達必要資訊。

社會心理學家澀谷昌三在著作中，介紹「從結論切入，吸引對方興趣」的說話技巧。

「『不瞞你說……我有喜歡的人了』——像這樣從結論切入，聽的人就會產生興趣，急著追問『真的嗎？對方是什麼樣的人？你們是什麼時候、在哪裡認識的？』，吸引對方注意。」（《傷害別人的說話方式、受人喜愛的說話方式》／WAC）

2 「結論→說明」的「倒三角形」為基本原則

倒三角形是先說結論，接著闡述導出結論的過程、理由、根據、補充事項的說話模式。

由於愈說到後面，重要性愈低，因此稱為「倒三角形」。

×錯誤範例 說明→結論

聽者：「下週一要開家屬懇親會，你會參加嗎？」

說者：「上一次的家屬懇親會好像很熱鬧，你是說下週一嗎？那天上午要開公司的內部會議，下午要跟客戶開會。下午五點回到公司，還要準備隔天的工作。下週一一整天都有行程，我沒辦法參加家屬懇親會。下次有機會的話，我一定會參加。」

○正確範例 結論→說明

聽者：「下週一要開家屬懇親會，你會參加嗎？」

說者：「很抱歉，我沒辦法參加。下週一一整天都有行程……下次有機會的話，我一定會參加。」

聽者（提問者）最想知道的是，你會不會參加家屬懇親會。

錯誤範例 先講了一大堆理由，最後才說結論。鋪陳過長，遲遲不說結論的說話方式，只會讓聽者火冒三丈。

另一方面，**正確範例** 一開始先說會不會參加家屬懇親會，**不給聽者帶來壓力**。此外，在婉拒參加家屬懇親會之前，先用「很抱歉」這個緩衝用語（可緩和意見衝擊性的詞彙，請參閱第14名的解說內容）帶出答案，**表現出說者顧慮周全的心意**。

經營顧問白潟敏朗在著作《職場五力》（麥田）中建議：「**業務溝通時若能『先說結論』，可讓整個過程簡單明瞭，好處明顯大過缺點。建議各位務必將『先說結論』、『原因在於』當成自己的慣用語。**」

3 若想提高說服力，建議採用「結論→理由→具體事例→結論」的「PREP法」

PREP法是職場上常用的說話技巧，通常運用在簡報、業務報告、演說、面試等商務場合。與倒三角形一樣，一開始就要說結論。

使用PREP法可讓話題展開合乎邏輯，所謂「合乎邏輯」就是不斷疊加事實，讓所有人都能接受的論點。

PREP法的四大要素

PREP是「Point、Reason、Example、Point」的簡稱。

- **P（Point）＝重點、結論**

  「○○○○的結論是○○○○。」

- **R（Reason）＝理由**

  「原因在於○○○○。」

- **E（Example）＝案例、具體事例**

  「實際上就有○○○○這樣的例子。」

- **P（Point）＝重點、結論、總結**

  「○○○○的結論是○○○○。」

將倒三角形的「說明」分成「理由」（根據、證明）與「具體事例」（實際發生的事情），最後再說一次「結論」，進行總結。

◉倒三角形……「結論→說明（→補充說明）」
◉PREP法……「結論→說明（理由→具體事例）→結論」

由於PREP法「提出兩次結論」，說服力比倒三角形還強。

例文

・**結論**

今天我想聊一聊儲蓄的必要性，我認為「儲蓄對自己有利」。

・**理由**

理由有三點。第一點，可以應付突如其來的支出。第二點，儲蓄與保險或投資不同，現在就能開始做。第三點，可因應未來的不時之需。

・**具體事例**

受到新冠疫情影響，許多人失去工作或工作量愈來愈少，我也是其中之一。但我平時存下了三個月的薪水以防萬一，因此即使突然失去收入也不擔心，可以立刻展開下一步。

在未來前景不明，國家補助不如預期的情形下，我深刻感受到儲蓄的重要性。

・**結論**

從以備不時之需這一點來看，養成儲蓄習慣對我們的人生絕對有幫助。維持三個月薪水的儲蓄水位，就能從容地過日子。

「最後再說一次結論或主張。由於一開始已經表明結論或主張，可能有人認為最後不必再重複。不過，若中間解釋根據或補充說明的時間太長，聆聽者很容易忘記之前的結論，找不到最後的總結。」（田中耕比古《世界最強顧問的6堂說話課 從重點開始說 重新排列你的「說話順序」，讓對方聽得頻頻說好！》／大樂文化）

「不要以具體事例或個人經驗做結尾，而是要再次重複個人主張的重點。這跟行銷話術一樣，一定要強調真正想說的重點。」（箱田忠昭《成功人士的說話法則和溝通術》／FOREST出版）

利用PREP法表達想法，就能讓聽者明白並同意我方的意思，**較容易接受我方的請託或提議**。

No.3 說話應張弛有度

Point

1. 音量大小與聲調高低要有變化
2. 在人前要慢慢說話
3. 注意說話時的「留白」
4. 語尾發音要清楚

第三名是「說話應張弛有度」。

「張弛有度」的意思是，**在發聲、發音、講話速度上增添變化**。

許多名著都強調「說話時張弛有度，更能向對方清楚傳達自己的想法」。（一百冊中有三十六冊）。

若在演說、簡報或會議中唸稿子，心思就會集中在唸稿上，流於刻板無趣。沒有抑揚頓挫的說話方式，不僅無法讓聽者記住，也會給人留下惡劣印象。

因應場合改變出聲方法，聽者較容易記住重要詞彙和句子。

許多說話專家都說「即使是同一個詞彙，只要說的時候改變抑揚頓挫，就能讓人記住」。

「當一個人愈興奮，說話速度就愈快，說出來的字句會變得零碎。若想令人印象深刻，不妨變化聲調高低，改變說話節奏，讓自己說話時表現出抑揚頓挫。」（傑瑞米・唐納文《破解！撼動全世界的TED祕

技》／行人）

古羅馬最強辯論家（在大眾面前闡述意見之人）西塞羅（Marcus Tullius Cicero）在其著作《論辯論家》（岩波書店）中，提及辯論家與辯論門外漢的差異之一，就是說話節奏。

「辯論門外漢（略）說話的氣有多長，決定了他們闡述意見的範圍；辯論家（略）說話時帶有某種節奏，兩者間的差異就在於此。」

「說話抑揚頓挫，注意節奏」的重點如下：

- **發聲（強弱、高低）**
- **速度**
- **留白**
- **語尾**

只要在這四點增添變化即可。

1 音量大小與聲調高低要有變化

◆音量「大小」增添變化（強弱、大小）

蘋果公司創辦人史蒂夫・賈伯斯（Steve Jobs）是知名的簡報高手，他很擅長調整說話時的音量大小。

「為了炒熱現場氣氛，賈伯斯說話時也會調整音量大小。（略）**他常用的模式是在接近尾聲，需要炒熱氣氛時降低音量，最後再大聲發表意見。」**（卡曼・蓋洛《大家來看賈伯斯：向蘋果的表演大師學簡報》／美商麥格羅希爾）

大聲說出想讓聽者注意的地方。選擇大聲說出哪個詞彙，將改變你想表達的訊息內容。

例文

「明天我將拜訪貴公司的虎之門分店。」

……不增添強弱變化，所有字句皆以相同音量說出，難以讓人注意到關鍵字（最想傳達的訊息）。

・**強調人物**

➡「明天我將拜訪貴公司的虎之門分店。」

……清楚表達拜訪分店的是「誰」。

・**強調時間**

➡「明天我將拜訪貴公司的虎之門分店。」

……清楚表達「什麼時候」拜訪分店。

・**強調地點**

➡「明天我將拜訪貴公司的虎之門分店。」

……清楚表達拜訪的分店是「哪一間」。

◆聲調「高低」增添變化（高低、音調）

改變聲調高低，可以改變給對方的印象。

・聲調高……開朗、活力、年輕

・聲調低……慎重、沉穩、信賴感

以音樂的七個基本音階「Do、Re、Mi、Fa、So、La、Si、Do」來說，「Fa」或「So」是給人「良好印象」、「讓對方聽起來很舒服」的高音。

「Fa」和「So」又稱為具有社交性的音調，有助於縮短自己與對方之間的距離。

身兼顧問和作家的安田正除了認為「**提高聲調說話是讓溝通更輕鬆的鐵則**」之外，也做出以下論述：

「各位不妨輕輕唸一下『Do、Re、Mi、Fa、So、La、Si、Do』，其中最合宜的聲調是『Fa』或『So』。無須追求精準，只要用自己的音階唸出來即可。」（《超一流雜談力》／文響社）

2 在人前要慢慢說話

需要在眾人面前說話，例如簡報、開會、發表會等場合，請務必記住「說話速度要慢」。不習慣面對大眾說話的人，說話速度很容易偏快。

說話速度太快給人「浮躁」、「聽不懂你在說什麼」的印象，對方聽你說話會很辛苦。

另一方面，**說話速度較慢且說得淺顯易懂的人，較容易得到別人的信任。**

記者池上彰自認「**說話速度很快**」，他每次上節目都會提醒自己慢慢說。

理由如下：

「我這麼做是因為我想讓小學高年級生，和八十幾歲長者都聽得懂我在說什麼。小孩子認得的詞彙較少，老人家聽力較差，如果我說話速度太快，他們可能聽不懂。」（《傳達力2》池上彰／PHP研究所）

話說回來，「慢慢說話」的速度到底要多慢才適宜？說話高手都認為，一般人容易聽得懂的速度大概是**「一分鐘三百字」**。

請各位朗讀以下例文，花費時間遠低於一分鐘代表說話速度太快，遠超過一分鐘則代表說話速度太慢。

「一分鐘三百字」左右的例文

「閱讀並比較不同時期的寫作書，會發現兩者不僅有共通點，也有完全相反的重要論點。

我們可以從寫作技巧看出時代潮流。

最新的書認為『寫作內容應該明確』，歷史悠久的書則重視『朦朧美』。

寫作訣竅就是『了解語言和文字可以表現與無法表現的界線，並在界線內寫作』，請各位務必這句話並提醒自己。使用一些定義模糊不清的詞彙，讓讀者自行想像或理解背後的道理，這才是聰明的做法。

淺白文章的寫作技巧會隨時間改變。最近的寫作書都說，如今許多人是透過智慧型手機瀏部落格文章。手機螢幕較小，頻繁換行較容易閱讀。

若想寫出符合時代的文章，不妨從最新的寫作技巧書看起。」

（藤吉豐、小川真理子《最高寫作法》／春天出版）

3 注意說話時的「留白」

留白（幾秒鐘的短暫沉默）具有吸引聆聽者注意的效果。

◆說話時留白的好處

- **強調重點。**
- **讓對方知道話題方向。**
- **聆聽者較容易記住說話內容。**
- **讓聆聽者集中注意力。**
- **對方較容易認真聽自己說話。**

「關鍵在於，闡述論點之前先『停一下』（留白）。（略）『留白』可以營造緊張氣氛，造成短暫的寂靜，創造有利條件。讓在場所有人都注意自己，接著再發言。」（杉村太郎、熊谷智宏《絕對內定2020面試篇》／鑽石社）

「突然沉默與突然出聲一樣，都具有吸引對方注意的效果。先讓對方提高警覺，專心聆聽，靜靜等待你說出下一句話。」（戴爾·卡內基《說話力》／新潮社）

請務必記住以下四種留白方式（以秒數為參考基準）。

留白時機

(1) 說出重要資訊和話題的前後（0.5～1秒左右）

「接著是新冠疫情的新聞…（0.5～1秒）…東京都發表今天的染疫人數為1915人…（0.5～1秒）…」

(2) 提問之後（0.5～1秒左右）

「各位覺得如何？…（0.5～1秒）…我想法是○○○○。」

(3) 說明理由和根據之前（0.5～1秒左右）

「我想法是○○○○。…（0.5～1秒）…原因在於○○○○。」

(4) 話說到一個段落時（3秒左右）

「以上是A的說明。……（3秒）……接著說明B。」

4 語尾發音要清楚

語尾消失的說話方式給人「沒有自信」、「不可靠」的感覺。對方若是聽不清楚你說話時的語尾，就會對你產生負面印象。

「以打招呼為例，有些人說『早安』時，別人只聽得到『早』字，『安』卻糊在嘴裡呼嚕過去，這種感覺很不好。既然要打招呼，就應有始有終，每一個字都要說清楚。」（內藤誼人《「收買人心」黑色心理戰術》／大和書房）

日文是靠語尾表達肯定或否定，這類語言的語尾若是說得不清不楚，聽的人就很難分辨肯定或否定了。

×錯誤範例

「這個月的業績達……」

例文的語尾說得模糊不清，讓人搞不懂業績究竟如何。每句話的每個字都要清楚說出來，讓對方理解你的意思。

不過，若是太注重語尾，拉長尾音或提高音量，就會給人稚拙的印象，一定要小心。

例）

「請您多多指～教～。」

「您是說真～的～嗎～？」

只要規規矩矩，一個字一個字清楚發音即可。

「請您多多指教。」

「您是說真的嗎？」

No.4 提出「好問題」讓對話更順暢

Point

1. 利用「封閉式問題」確認事實
2. 利用「開放式問題」打開話題
3. 提問要「具體」

第四名是「提出『好問題』讓對話更順暢」。

「提問是對話的重要元素。」

「只要問題提得好，對方就能侃侃而談。」

許多說話專家都曾提及「提問力」的重要性。

提問的主要效果

- 表現「我很關心你」的態度。
- 釐清疑問和不清楚之處。
- 確認內容。
- 讓對方愉快談話。
- 可「擴展」、「推進」、「深入」對方的談話。

　擴展…「此外，你還做了什麼其他的事嗎？」
　推進…「所以，事情後來怎麼樣了？」
　　　　「在那之後，發生了什麼事？」
　深入…「你為什麼會這麼想？」
　　　　「為何這麼做呢？」

第一名的第一個重點是「『聽』比『說』更重要」，這裡的「聽」有兩種意義。

◉聽的「兩大」意義

①將話聽進耳朵裡……傾聽、仔細聽對方的話。

②讓對方說出心裡話……提出問題，讓對方說出自己想知道的事，以及對方想說的話。

多數說話專家都很會問問題，讓對方丟出話題。

「聆聽專家最厲害的就是透過巧妙提問，讓對方說出想說的話。能做到這一點的不只是聆聽專家，也是提問名人。」（加賀田晃《業務之神的絕學》／大樂文化）

1 利用「封閉式問題」確認事實

提問形式大致可分兩種。

分別是封閉式問題與開放式問題。

◉封閉式問題

……顧名思義，封閉式問題（closed question）就是只能回答「是」或「否」的二擇一問句，或是事先限制答案選項的問句。

例文

- 「你喜歡電影嗎？」
- 「貴公司使用的系統是A、B、C的哪一個？」

上述例文是事先限制答案選項的封閉式問題，答案只有「喜歡／不喜歡」、「使用A系統／使用B系統／使用C系統」其中之一。

封閉式問題的好處與壞處

好處	・釐清對方的想法與事實。 ・可以很快得到答案。 ・對方很容易回答。
壞處	・對話不容易擴展。 ・過度使用會讓對方產生接受質問的感覺。 ・對方是從有限的答案選項回答問題，因此不容易產生新發想。

與人商量或在開會的「最後」使用封閉式問題，可以避免意見相左。

例文

提問：「您要訂購的是一百個A商品，對吧？」

回答：「對。」

2 利用「開放式問題」打開話題

開放式問題沒有「是」、「否」的選項，對方可以自由回答。

◉開放式問題

……顧名思義，開放式問題（open question）就是對方的回答選項無設限，可以自由作答的問句。

例文

提問：「《〇〇〇〇》電影的哪個場景讓你印象最深刻？」
回答：「主角說出事實的那一段讓我印象深刻。」
提問：「那一段真的很棒，那你覺得結局如何？」
回答：「我很意外，那樣的結局可以有許多解讀。」
提問：「你會如何解讀呢？」

使用開放式問題可以具體得知對方的心情與思考，想多知道對方的背景資訊時十分有效。

開放式問題的好處與壞處

好處	・對話容易擴展。 ・可得到許多資訊。 ・更加了解對方。 ・容易產生新發想。
壞處	・若使用在第一個問題，對方很可能不知該如何回答。 ・由於不知道對方會如何回答，提問者的技巧顯得相當重要。 ・需要一點時間才能得到答案。 ・提出的問題較難時，回答者可能答不出來（導致對話停滯）。

基本上，開放式問題要**注重「5W1H」**。

善用「5W1H」的開放式問題提問法

・When（何時）

「你打算什麼時候展開新事業？」

・Where（何地）

「你在哪裡經營事業呢？」

・Who（誰）

「你覺得和誰一起合作可以提升業績？」

・What（什麼）

「這項工作的課題是什麼？」

- **Why**（為何）

「計畫為什麼進行得不順利？」

- **How**（如何）

「怎麼做才能解決問題？」

有「傳奇私教」美譽的說話技巧私人教練岡本純子，認為加上「Which（哪一個）」的「6W1H」的提問方式，較容易使對話順暢愉快。

「針對不會閒聊的大老闆，我通常會建議他們善用提問的能力。以『6W1H（What、Who、When、Where、Why、Which、How）』作為開頭的問句，全部都是『開放式問句』。」（《最高說話術》／春天出版）

- What……多麼、什麼
- Who……哪個人、什麼樣的人、哪一位
- When……什麼時候、哪個時間點
- Where……去哪裡、在哪裡
- Why……為什麼
- Which……哪個、哪一個
- How……如何、怎麼做、該怎麼辦、怎麼樣

◆封閉式問題與開放式問題的使用技巧

依照「封閉式問題→開放式問題」的順序提問，對方較容易回答。

例文 1

提問：「你喜歡看電影嗎？」（封閉）

回答：「喜歡。」

提問：「你喜歡什麼樣的電影？」（開放）

回答：「我喜歡動作片。」

提問：「你為什麼喜歡動作片呢？」（開放）

回答：「最大的原因是可以讓心情暢快。」

例文 2

提問：「你喜歡喝啤酒嗎？」（封閉）

回答：「喜歡。」

提問：「你最推薦的啤酒是哪一款？」（開放）

回答：「我覺得〇〇〇很好喝。」

3 提問要「具體」

開放式問題是「讓回答者自由思考」的提問方式，能讓對話愈來愈深入、愈來愈順暢。

值得注意的是，若一直提出必須深思熟慮才能回答的問題，反而容易使對話中斷，無法繼續下去。

遇到「對話斷斷續續」、「對方回答得愈來愈慢」、「對方的回答模糊不清」等情形時，**不妨提出「具體」的問題，讓對方更容易回答。**

例文 1

「對於最近的汽車，你有什麼看法？」

⬇（具體提問）

「對於汽車自動駕駛技術，你有什麼看法？」

例文 2

「最近還好嗎？」

⬇（具體提問）

「你現在在做什麼工作？」

例文 3

「你希望什麼時候交貨？可以給我幾個日期嗎？」

⬇（具體提問）

「我想和你談一下交貨日期，以下三個日期，哪一天比較方便？」

No.5 善用「保證有趣的話題」維持閒聊熱度

Point

1 善用「12」個主題讓閒聊更熱烈

2 千萬別提不適合閒聊的NG話題

第五名是「善用『保證有趣的話題』維持閒聊熱度」。

一百本書中，有三十三本提及閒聊的話題與談話主題，說話專家認為**「無論是私下或工作場合都需要閒聊」**。

◆閒聊的主要效果

- **成為開啟對話的契機。**
- **表現出「我想了解你」的態度。**
- **緩解第一次見面的緊張感。**
- **獲得知識。**

閒聊是建構人際關係很重要的助力，但許多人不擅長閒聊，這也是不爭的事實。

常見的煩惱包括「不知該說什麼」、「說到一半缺乏話題」、「不善言詞，說話不風趣」、「遇到初次見面的人會感到緊張，說不出話來」。

話說回來，怎麼做才能提升閒聊力？

說話專家傳授許多「選擇話題」的重點，統整為以下五點：

選擇話題的五大重點

① 選擇對方容易回答的話題。
② 選擇對方感興趣的話題。
③ 選擇對方容易附和，產生共鳴的話題。
④ 選擇所有人都能聊的話題（日常生活常見的題材）。
⑤ 選擇不會得罪人的安全話題。

1 善用「12」個主題讓閒聊更熱烈

筆者統整說話術名著中介紹的「適合所有人運用（所有人都能聊）的話題」，共有以下十二個（主動丟出閒聊話題時，通常使用第四名「提問」的形式）。

所有人都能運用的閒聊題材

・食物

「你有推薦的餐廳嗎？可以告訴我嗎？」
「感覺你總是很忙，你有時間吃午餐嗎？」
「我聽說這附近有一間店很有名，叫○○○，你聽說過嗎？」

・故鄉、地區

「○○○，請問你是哪裡人？我的故鄉是○○○○……。」
「你搬來這裡之前住哪裡？」
※為了保護個人隱私，不要問詳細地址。

• 旅行

「你最近去了哪裡旅行嗎？」

「前幾天我開車到〇〇〇〇玩，你去過那裡嗎？」

• 天氣、季節

「跟昨天相比，今天熱很多。」

「我的花粉症發作了，你還好嗎？」

• 運動

「我常去打高爾夫球，你打高爾夫球嗎？」

「你平時做什麼運動呢？」

• 寵物

「我看了你的IG，你有養貓，對吧？」

「我想養狗，〇〇〇，你有養寵物嗎？」

• 工作

「可以告訴我你現在是什麼職位嗎？」

「你最近好像很早就出門去上班，你在做什麼工作呢？」

• 健康

「新冠病毒的確診人數慢慢變少了。」

「你的傷後來還好嗎？」

• 身上穿戴或使用的物品

「你戴的手錶很適合你的氣質，那是什麼品牌的產品？」

「你穿的西裝真好看，是在哪裡買的呢？」

「你最常用的手機APP是哪一個？」

・最近的新聞

「今天早上有一則新聞說……」

「最近好像很流行〇〇。」

・自己的近況／對方的近況

「我最近開始從事〇〇〇，你最近有沒有什麼熱衷的興趣？」

・休閒娛樂

「你有沒有什麼好書（電影、音樂、動漫、電視節目）可以推薦給我的？」

有一本書將立刻可用的話題或主題，做成「諧音哏」或「口訣」介紹給讀者。

「有時會遇到找不到話題的情形，為了避免這種狀況，各位一定要謹記『高歌家鄉氣動友』。」（《成功人士的說話大全》／青春出版社）

高……高爾夫

歌……歌唱

家……家人

鄉……故鄉（出身地）

氣……天氣

動……運動

友……朋友

「暗號就是『食地通天富名、身新潮異假』。」（福田健《人因說話方式改變九成》／經濟界）

食……食物、飲料、旅行
地……與地區、老家有關的話題
通……與通勤有關的話題
天……與天氣、天候有關的話題
富……財富、景氣、經濟
名……與姓名、地名有關的話題
身……與身體、健康有關的話題
新……新聞、熱門話題
潮……風潮、流行、潮流
異……與異性、男女有關的話題
假……度假、休閒、假日

「有句口訣是『氣興時旅友家健性工衣食住』（きどにたちかけせし衣食住）**。這是祖先流傳下來的智慧，意思是和人聊天時，只要談論與天氣、興趣、時事、旅行、朋友、家人、健康、性、工作、衣服、食物、居住等有關的話題，就不用擔心不知該說什麼。」**（吉田尚記《如何聊進心坎，讓人主動說出心裡話？》／三采）

※也有去除「性」，只有「氣興時旅友家健工衣食住」的說法。

2 千萬別提不適合閒聊的NG話題

除了適合閒聊的「保證有趣的話題」之外，還有「最好避開的話題」、「只會讓對方（聽者）不舒服的話題」以及「只適合限定對象的話題」。

筆者從說話術名著中，選出「最好避開的話題」，提供各位參考。

◆最好避開的閒聊話題

・容易意見分歧的話題

包括政治、宗教、喜歡的職業運動隊伍等。與個人思想密切相關的主題，例如政治與宗教都應避開。每個人的想法不一樣，對方的意見不一定和你相同。

儘管與體育競技有關的題材算是「保證有趣的話題」，但絕對不要稱讚或否定特定隊伍。

除非你知道對方支持的隊伍和你一樣，否則最好避免表態。有些人知道你支持的是敵隊，心裡就覺得不開心，千萬要謹慎。

・開黃腔

開黃腔一定要慎選對象，說得太露骨，超出對方可以接受的尺度，只會讓對方不舒服。

小說家百田尚樹在著作中表示：「**我不喜歡開黃腔。**」

「雖說無論男女都對與性有關的話題感興趣，但談論這個話題的難度相當高。原因很簡單，每個場合都有討厭開黃腔的人。」

（《雜談力》／PHP研究所）

・外貌、年齡

有時候評論對方的外貌與年齡，會讓對方感到被冒犯。

即使想稱讚「你看起來比實際年齡年輕」，對方可能會以為你在說她「看起來不成熟」。

有時想讚美「你好高，身材很好」，但對方可能覺得「自己太高」，不認為這是優勢。

每個人都有自卑之處，即使是我們欽羨的優點，對方也很可能覺得自卑。

・說別人壞話或傳聞

俗話說壞事傳千里，當你在背後說別人壞話，這件事很可能傳入當事人耳裡。此外，到處說別人壞話的人很難得到周遭親友的信賴。

・自己的英勇事蹟

炫耀自己的英勇事蹟只會讓人覺得討厭。

「各位一定要知道炫耀自己的英勇事蹟有多讓周遭人討厭，或許你並沒有刻意誇耀的意思，但這麼做只會將別人愈推愈遠。」（樋口裕一《聰明人和笨蛋的說話方式》／幻冬舍）

《不冷場！人氣王的說話秘訣50招》（三采文化）的審訂者杉山美奈子給予以下建議：

「談論自己的英勇事蹟時，一定要以一句話簡單帶過，或是幽默自嘲。例如『我前一陣子參加抽獎，抽中了夏威夷之旅，看來我今年的好運氣全都用完了啊！』——這麼說就不容易讓對方不開心。」

・與金錢有關的話題

即使是交情很好的朋友，也要避開年收入、儲蓄等與金錢有關的話題。

收入高容易招人忌妒或產生誤會，收入低也可能讓人瞧不起。

・家人、家庭環境

無論是「高歌家鄉氣動友」或「氣興時旅友家健（性）工衣食住」，都將「家人」列入閒聊話題之中。不過，也有專家認為最好避開家人或家庭環境等話題。

每個人的狀況不同，可能有人離婚、分居、喪偶、不孕，因為各種家庭因素感到煩惱，因此，避開這類話題較不容易誤觸紅線。

由於家人、家庭環境有許多瑣碎敏感的問題，面對初次見面的人最好絕口不提。

No.6 「讚美」是人際關係的潤滑劑

Point

1. 以「讚美＋理由」的形式具體稱讚對方
2. 不只是結果，「過程」也要讚美
3. 在「人前」讚美
4. 不是「什麼事都要稱讚」

第六名是「『讚美』是人際關係的潤滑劑」。

一百本書中有三十二本提及「讚美的重要性」或「正確的讚美方法」。

筆者統整說話術名著介紹的「讚美效果」，結果如下：

◆讚美的主要效果

- **激發對方的幹勁。**
- **促使對方成長。**
- **對方較容易聽取自己的意見。**
- **讚美對方，自己也會充滿活力。**

同為精神科醫生的齋藤茂太與優希有對於「讚美」的效果有以下描述：

「沒有人不喜歡被稱讚，應該說愈多人讚美自己，愈容易建立自信，對自己的信心又會產生新的衝勁。」（齋藤茂太《一句話改變人生》／春光）

「讚美就跟送禮物一樣，不僅對方開心，自己也會感到樂觀開朗。」（優希有《漫畫版　輕鬆不費力、不著痕跡、迅速俐落的反駁技巧》／三笠書房）

1 以「讚美＋理由」的形式具體稱讚對方

什麼才是「有效的讚美法」？許多說話專家認為「提出具體理由讚美」的效果最好。

若只以「好厲害！」、「太酷了！」這類形容詞稱讚別人，容易給人說場面話或奉承的感覺。

「讚美與感謝的時候應盡可能具體表達，舉例來說，『你那個時候的言論很正確，多虧你的一席話，之後會議進行得很順利』──這樣的說法就很明確。」（河野英太郎《頂尖人士的職場武器 99%人忽略的1%工作訣竅！》／楓書坊）

「不要讚美完就了事，稱讚別人的時候一定要加上理由或說明原因。」（《成功人士的說話法則和溝通術》箱田忠昭／FOREST出版）

只要加上具體理由讚美，受到稱讚的人就能欣然接受，而且有以下好處：

- **客觀掌握自己的優點。**
- **不認為「讚美的人只是隨便說說」。**
- **發現有人很仔細地觀察自己，覺得很開心。**

不要只說「好厲害喔」、「好棒」、「不愧是高手」、「太好了」、「真出色」就結束，在這句話的前後加上「讚美的理由」，就能滿足對方「希望別人認可自己」的需求。

◉認可需求

……意指「希望他人認可自己的存在」、「希望他人認同自己是有價值的存在」等自然需求。無論大人小孩都有認可需求。

例文 1

「你最近好努力喔！」

⬇（讚美＋理由）

「你最近好努力喔！跟上個月比起來，你簽下的合約多了十件，這都是你加強拜訪客戶的成果。」

例文 2

「你的簡報資料做得很好。」

⬇（讚美＋理由）

「你的簡報資料巧妙使用圖示和圖表，做得很好。營業額、利潤變化與市佔率一目了然，極具說服力。」

2 不只是結果，「過程」也要讚美

許多說話專家認為，無論是職場或育兒，過程都很重要。

「稱讚過程（過程中採取的行動或與結果有關的行為）很重要。」

「不只結果，認可過程也很重要。」

「稱讚時若過度聚焦結果或看得見的部分，即使真心讚美，孩子也無法坦然接受。」（小崎恭弘《真正有效的男孩的責罵與稱讚法》／昴舍）

「良好的人際關係來自於『認可』對方優點與努力過程，人緣好的人能開創此良性循環。」（大野萌子《這樣說話，讓你更得人疼》／平安文化）

無論是職場（培育屬下）或育兒，稱讚過程勝過結果，能讓對方更有衝勁。

因努力和過程受到讚美的當事人，會感受到自己的「行動」獲得肯定，不怕失敗，繼續挑戰。

另一方面，若一直讚美結果，可能讓對方愈來愈消極，產生以下想法：

「必須做出成果才行。」

「不挑戰新事物或難度較高的任務。」

無論有沒有成果，都要以相同方式讚美部屬和孩子。

將焦點放在過程，就能好好地稱讚對方。

例文 1　當孩子考試考一百分

・**不好的讚美方法……只稱讚結果**

「考試考一百分，好棒！」

・**好的讚美方法……稱讚過程**

「考試考一百分，這都是你忍著不打最喜歡的電動，好好用功才有的成果。」

例文 2　當部屬沒有達成營業目標

・**好的讚美方法……稱讚過程**

「雖然沒達到目標很遺憾，但我認為你採取的方法很有效。下個月聚焦○○○，再努力一次吧！」

3 在「人前」讚美

在眾人面前讚美的效果，比一對一效果還好。

可在晨會或開會時，對著眾人稱讚「客戶很滿意A同事的簡報」。如此一來，A同事一定會覺得驕傲，其他員工也會想要努力，受到主管稱讚。

身兼作家與演說家的星涉，建議「**稱讚時要在眾人面前讚美，之後再個別讚美**」。這麼做可讓當事者覺得「我真的做了一件很棒的事情」。

「『在眾人面前讚美』等於告訴周遭所有人，『他（她）是個值得稱讚的人』。（略）**更重要的是，『還要在不同時間個別稱**

讚』。透過電子郵件或LINE等通訊軟體，個別傳送訊息稱讚。」
（《神表達》／KADOKAWA）

不過，如果對方（讚美對象）的個性「討厭受到關注」，周遭又有「容易忌妒他人之人」，就別在大眾面前稱讚，私下個別讚美即可。

4 不是「什麼事都要稱讚」

儘管許多名著都說「讚美是促進溝通的重要元素」，對於「稱讚次數」則有不同看法。

有人認為：
「胡亂稱讚會變成說場面話。」
「過度讚美反而讓對方小看自己。」
「隨口稱讚的效果不好。」
也有人覺得：
「以表面的詞彙稱讚也可以。」
「無論什麼事，稱讚就對了！」
「隨口稱讚也沒關係。」
進一步調查說話術暢銷書後，發現最多專家認為「不可過度稱讚別人」。因此，本書的結論是：
「如果你不擅長聊天或受到稱讚的經驗較少，最好還是不要過度稱讚別人。」

不擅長聊天的人若是稱讚別人「好棒」、「好厲害」，會讓人產生「不誠懇」、「很虛偽」、「輕蔑」的想法。

讚美最重要的是：

・打從心底稱讚

・不說違心之論

・坦然表達自己的心情

不只是成功企業家，也協助客戶發展公司業務的永松茂久，在著作中做出以下表示：

「讚美是很重要的，但胡亂讚美並不會使事情順利。重點在於必須仔細觀察對方重視什麼，稱讚哪一點能讓對方開心，然後真心讚美。」（《共感對話：1分鐘讓人喜歡的對話術》／三采）

日本TBS主播安住紳一郎認為**「不要怕奉承別人，將讚美掛在嘴邊」**，**「恭維別人不一定都是逢迎拍馬」**。不僅如此，也在書中寫道：**「不能因為想取悅對方，就說出虛假的謊言。重要的是，要將自己的心情化為詞彙，坦然地傳達給對方。」**（齋藤孝、安住紳一郎《說話的力量》／鑽石社）

No.7 看著對方的眼睛

Point

1. 配合對方的視線「高度」
2. 不要只凝視眼睛
3. 在眾人面前說話也要一一看著每位聽者的眼睛

第七名是「看著對方的眼睛」。

許多說話專家表示「視線位置改變給人的印象」。

「眼神接觸＝四目相對」是與對方建構信賴關係的關鍵。

俗話說「眼睛會說話」（可從眼神看出對方的情緒）、「眼睛是靈魂之窗」（看一個人的眼睛就知道對方是什麼樣的人），由此可見，「眼睛」充分展現出當事人的情感與人品。

四目相對就是面對彼此的心情。

「與對方四目相對就能心意相通，自然滿臉笑容，心情愉悅，瞬間拉近彼此關係。」（野口敏《我一定要跟你聊超過15分鐘》／大是文化）

為什麼看著對方眼睛說話（或聽話），就能建立信賴關係？

建議四目相對的理由主要有以下四點：

◆建議四目相對的四大理由

- **讓對方覺得「有人關心自己」。**
- **能讓對方專心聽自己說話。**
- **能知道對方的心裡在想什麼。**
- **不看對方眼睛，容易給人「說謊」、「沒有自信」的感覺。**

1 配合對方的視線「高度」

四目相對的關鍵是配合對方的視線「高度」，要做到這一點必須：

- 當對方站著的時候→自己也要站著
- 當對方坐著的時候→自己也要坐著

配合對方的視線高度能讓彼此更加親近。

若對方坐著、自己站著，容易給人「由上而下俯瞰的感覺」。

低頭看著對方的視線產生壓迫感，令人覺得不舒服。

舉行線上會議時，應將攝影機放在與自己視線相同高度的位置上。

筆記型電腦、智慧型手機、平板等通訊設備內建的攝影機，大多設置在低於視線位置的地方。因此看著鏡頭的時候，會呈現由上往下窺視的感覺。建議**用書籍或雜誌墊高視訊設備，讓攝影鏡頭位於跟自己視線一樣高的地方**，這一點很重要。

「與別人說話時要靠近一點，配合對方的眼神高度，略低於對方的眼神位置也可以。絕對不能坐在椅子上，對站著的人說話。」

（《不冷場！人氣王的說話秘訣50招》／三采）

若對方是小孩，絕對不能居高臨下地跟孩子說話。一定要蹲下來或坐著，說話時視線高度要和小孩相同。

當視線高度相同，孩子也會覺得「大人在聽自己說話」、「大人很重視自己」。

2 不要只凝視眼睛

對話的基本原則是，一定要「四目相對」、「不可移開目光」。不過，若是**全程盯著對方的眼睛看，也會讓對方覺得難為情、感覺不舒服，或是產生壓迫感與壓力**。有鑑於此，最好偶爾看看其他地方，不要全程直視對方眼睛，要看看眼睛附近的位置。

身兼作家與散文家的阿川佐和子建議：「**眼神在對方的臉部慢慢游移，偶爾往下看，適度地將視線移開對方的眼睛。唯一要注意的是，絕對不能四處張望。**」（《阿川流傾聽對話術》阿川佐和子／野人）

眼神接觸的祕訣

- 基本上要四目相對，但偶爾移開目光（看向對方的衣服或桌子等物體）。
- 若四目相對感到緊張，說話時無須看著對方的眼睛，可以看著：
  「嘴角」
  「雙眉之間」
  「鼻子周邊」
- 「一開始說話與結束時」，以及「想傳達重要訊息時」，一定要四目相對。

3 在眾人面前說話也要一一看著每位聽者的眼睛

進行簡報、開會或演說等，在眾人面前說話時，眼睛該看哪裡才好呢？

即使站在眾人面前說話，「一一看著每位聽者的眼睛」也是基本原則。

「口頭發表的意義就是所有人面對面，說話者對著聽眾當場說明。有鑑於此，千萬不要對著第一排低頭說話，不妨將眼神放遠，對著後面的聽眾暢所欲言。」（《知的技法》／東京大學出版會）

「不要綜觀所有人，而是『一一看著每位聽者的眼睛』說話，這是說話時視線位置的基本原則。」（鴨頭嘉人《過去沒人教導在眾人面前說話的奧義》／KAMO出版）

「包括賈伯斯在內，許多優秀的溝通專家都會與聽眾四目相對，他們很少看著投影片或小抄說話。」（《大家來看賈伯斯：向蘋果的表演大師學簡報》卡曼・蓋洛／美商麥格羅希爾）

話說回來，在眾人面前說話，眼神該如何移動？關於這一點，專家提出許多建議。

本書介紹四種方法。

在眾人面前說話的眼神移動方式

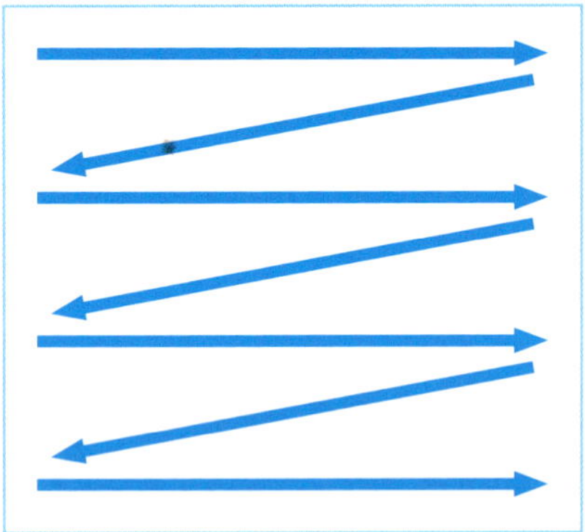

① 視線呈鋸齒狀移動

從左後方開始，呈鋸齒狀移動視線，移動到最前面之後，再回到左後方。不斷重複此過程，就能與所有觀眾的眼神交會。

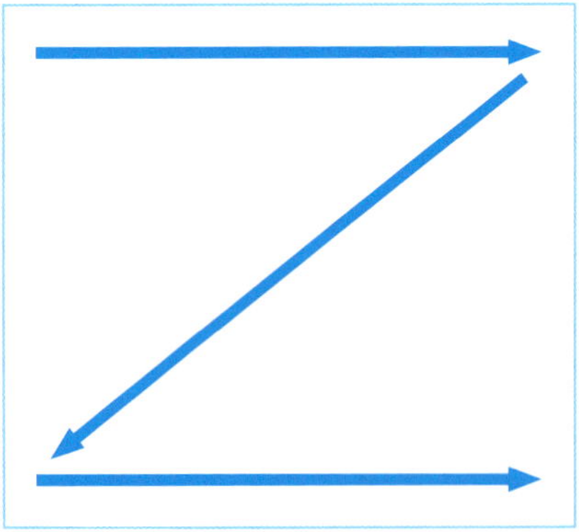

② 視線呈「S」或「Z」字形移動

視線呈「S」或「Z」字形移動。這個做法給人「講者看著所有聽眾說話」的印象，能讓聽眾覺得講者「一點也不緊張」、「態度落落大方」。

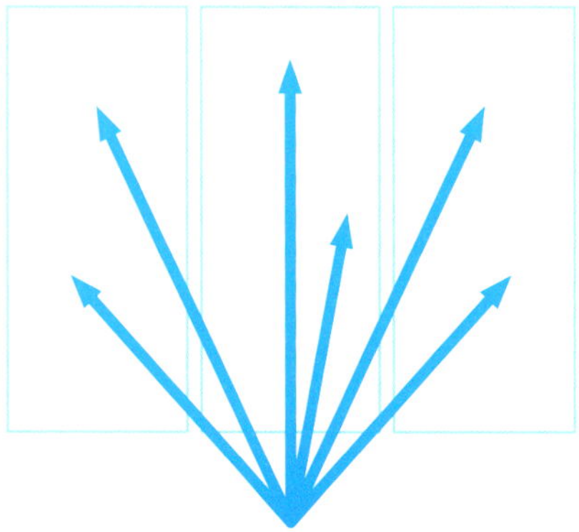

③ 分成三個區塊

將會場分成「左」、「中」、「右」三等分，在各區挑出一兩人，對著他們說話。

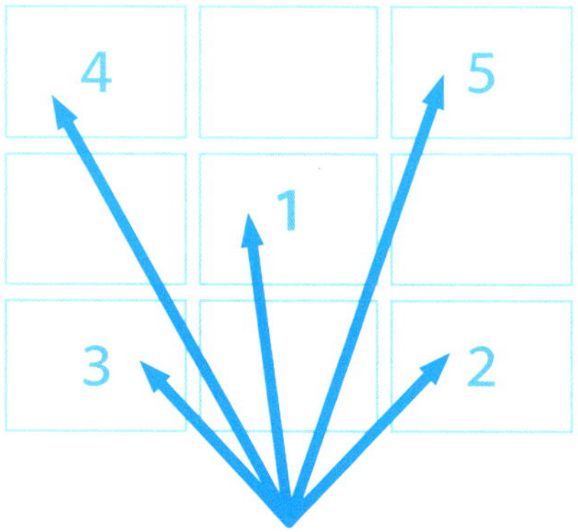

④ 分成九個區塊

如果是在大型演講廳演講，可將會場分成九等分。視線朝向四個角落與中心點，共五個區塊移動。對著各區塊裡的「某個人」說話。

Column

超會說話的名人排行榜

世界上有許多「具備卓越閒聊力、對話力或演說力的名人」，他們也是說話術暢銷書經常提及的經典人物。本書依照一百本名著登場本數的順序進行排行，並向各位讀者介紹名列前茅的說話專家躋身「一流的理由」。

※名人指的是藝人、文化人、企業家、記者、政治家、偉人等。名單不分國籍。

第1名　登場本數…5本

高田明（「Japanet Takata」創辦人）

高田明「一流的理由」

- 一般談話也會融入「笑點（幽默風趣）」。
- 收集資訊的目的很明確。
- 擅長描述細節。
- 不只介紹商品特色，也如實傳達該商品可以運用的場合。
- 擅長以「就是說啊！」與「是不是這樣呢？」的方式提問。
- 刻意區分上電視節目與平時的說話方式。
（上電視節目說話時音調較高，藉此提升觀眾的購買欲。）

「以前我曾經聽過Japanet Takata前社長高田明先生的演講，短短六十分鐘我竟然笑了二十二次。他一開口就說『各位如果覺得我今天講的話很好笑，請務必笑出來』，他很清楚可以透過笑聲，

營造良好的現場氣氛。」（桐生稔《一流、二流、三流的說話術》／商周出版）

「高田先生收集資訊的目的是『讓對方感動』。他經常思考『自己是為了什麼表達意見』，並將其稱為『任務』。若任務模糊不清，就會失去表達意見的熱情。」（及川幸久《日本頂尖知識YouTuber資訊彙整術》／樂金文化）

第2名　登場本數…4本

- **史蒂夫・賈伯斯**（「蘋果」共同創辦人）
- **亞伯拉罕・林肯**（Abraham Lincoln／第十六任美國總統）

史蒂夫・賈伯斯「一流的理由」

- 擅長定期收集資訊。
  （傳授多數人不知道的資訊的人，信任度較高。）
- 不使用專業術語。
- 像推特一樣，以簡短一句話突顯商品與服務。
- 列出三大重點。
- 有能力找出對方想要什麼。

「賈伯斯的商品發表會型態很像舞台劇，巧妙結合各項元素，經過充分彩排，讓台下觀眾享受整個過程，讓他們充滿勇氣與活力。」（卡曼・蓋洛《大家來看賈伯斯：向蘋果的表演大師學簡報》／美商麥格羅希爾）

「賈伯斯說的是『觀察對方，認真找出對方真心想要什麼，只要這麼做，一切就會順利』。對於人類需求的無限好奇心，造就了蘋果公司現今的榮光。」（永松茂久《共感對話：1分鐘讓人喜歡的對話術》／三采）

亞伯拉罕・林肯「一流的理由」

・善於控制「怒氣」。
・能配合聽眾的價值觀說話。
・說話前做好周全的準備，盡一切努力。

「多數人犯的致命錯誤是疏於準備。（略）**林肯當總統時也曾說：『我總是告誡自己，不能當一個明明言之無物，卻不知羞恥地在眾人面前說話的老人。』」**（戴爾・卡內基《卡內基演講術》／晨星）

第3名　登場本數…3本

・**池上彰**（記者）

・**明石家秋刀魚**（搞笑藝人）

・**小泉純一郎**（日本第87、88、89任日本首相）

・**小泉進次郎**（政治家）

池上彰「一流的理由」

・擅長以「是這樣沒錯吧？」與「是不是這樣呢？」的方式提問。
・丟出話題時，會稱呼對方的姓名。

・提問時完全吸引觀眾目光。
・在眾人之中也能「一對一」對話。

「池上先生每次表達自己的意見都像是在說觀眾身邊天天發生的事情，而不是他的獨家見解。」（野呂映志郎《妙趣橫生！擄獲人心黃金說話術》／台灣東販）

明石家秋刀魚「一流的理由」

・讓對方說，而非表達自己的意見。
・做反應，大笑（讓對方開心）。
・善於附和對方（「欸，原來如此！」「哦！然後呢？」）。
・展開對話之前，不以自己為主詞，以對方為主體提問（「你今天看起來很想睡」、「最近還好嗎？」等）。
・擅長順著話題聊天。

「錄製電視台的綜藝節目時，秋刀魚先生經常罵不懂得掌握談話節奏的人，告訴他們：『剛剛那個話題已經結束了。』」（中谷彰宏《說話高手在眾人面前暢談的祕訣》／鑽石社）

小泉純一郎「一流的理由」

・對話途中絕不做反應。
・善於使用肢體語言。
・盡可能避免外來語。
・說話簡潔易懂。

「小泉純一郎擔任日本首相時，曾經指示幕僚，他的講稿盡可能不用外來語。在國會答詢的時候，也會要求常用英文回答的閣員『說話要淺顯易懂』。」（池上彰《傳達力》／天下雜誌）

小泉進次郎「一流的理由」

- 說話簡潔易懂。
- 具有豐富的詞彙力與表現力。
- 在眾人之中也能「一對一」對話。
- 以「提高音調」、「加重語氣」和「清楚發音」傳達自己想強調的部分。
- 說話時善用短文堆疊。

「對於自己最想說的話、最想強調的部分，進次郎會提高聲音慢慢說，藉此吸引聽者的注意，打動人心。不僅如此，在說出想要強調的意見之前，他會刻意停下來一段時間，創造令人難忘的『留白』。」（魚住理英《只要一天，連聲音都能變好聽的說話術教科書》／東洋經濟新報社）

Part.2

一百本書公開能言善道的人共通的「十三個重點」

排行榜**第8～20名**

No. 8 說話內容要具體

Point

1. 提出數字
2. 使用專有名詞
3. 透過「個人經驗」引起共鳴，提高說服力

第八名是「說話內容要具體」。

許多說話專家都建議說話內容一定要具體，他們表示：「不要一直說抽象的概念」、「應闡述故事」、「分享自己的經驗」。儘管說法不同，但意思是一樣的。

身兼作家與心理諮商師身分的五百田達成，對於工作場合「說話具體」的重要性，做出以下表示：

「工作上的溝通如果不清不楚，會影響工作進展，因此一定要清楚地、具體地表達意見，這才是好感度暴增的說話方式。」（《一句話，好感度暴增、反感度爆表！》／三采）

因為將許多學問系統化而有「萬學之祖」美譽的古希臘哲學家亞里斯多德（Aristotélēs），他在給予後世極大影響的名著《辯論術》（岩波書店）中，針對「如何讓自己的表現更加沉穩」，提出以下方法：**「以說明語句取代名詞，例如不說『圓形』，改以『從中心點等距外擴的平面』表示。**（略）**利用比喻和修飾語詞，具體表達事物想法。」**

話說回來，「說話內容要具體」究竟是怎麼一回事？

◉具體……讓人清楚了解實際內容與狀況的意思。

許多說話專家認為「說話內容要具體」有以下五大優點：

◆具體說話的五大優點

- **淺顯易懂**
- **可避免混亂**
- **增加說服力**
- **獲得共鳴**
- **容易留下印象**

既然如此，該怎麼做才能讓自己說的話清楚具體？
主要方法有以下三個：

1 提出數字

對話時盡可能使用數字，原因如下：
「杜絕想像空間。」
「向對方傳遞正確資訊。」
「增添真實性。」

身兼顧問與Timberline Partners株式會社代表身分的大石哲之在其著作《你不只是新人，你是好手》（遠流）中，針對「商場上用事實說話」的重要性，有以下表示：

「『數字』是最純粹的事實。（略）**以數字說話的效果最好。**（略）**世界共通語言不是英文，而是數字。」**

作家百田尚樹在其著作《雜談力》（PHP研究所）中寫道：**「乍看之下，數字顯得索然無味，事實上並非如此。提出具體數字可瞬間提升話題的真實性，輕鬆呈現話題的趣味性。」**

《成功人士的說話大全》（青春出版社）中有一段是這麼寫的：**「特別是在商場上，為了正確表達意見，應避免使用模稜兩可的形容詞，使用數字，表現大小與長度。」**

對每個人來說，數字代表的長度都一樣。

一聽到「一百公尺蛙式」的比賽項目，不只是世界各國的游泳選手，任何人都知道「一百公尺」有多長。

但如果是「長距離蛙式」比賽，每個人想像的長度就各有不同了。

企業的營業額、成本與交貨期也是同樣道理。

想讓對話更加具體，就要將「長」、「高」、「盡可能早一點」、「延遲」、「剛好」、「某種程度」等，每個人可能有不同解讀的詞彙，替換成數字，這一點很重要。

適合以數字替換的範例

- **日期**

「請盡早做完」➡「請在〇月×日之前做完」

- **價格**

「估價單很貴」➡「估價為一百萬圓」

- **數量**

「請多印一點」➡「請印三百張」

2 使用專有名詞

作家中谷彰宏在其著作《面試高手　聖經版》（鑽石社）中，闡述了在對話中使用專有名詞與數字的重要性。

「想讓面試官對你留下深刻印象，說話時一定要盡可能具體。」

「什麼是具體詞彙？簡單來說，就是專有名詞與數字。沒有專有名詞與數字的意見，無法讓人記住。」

◉專有名詞……在同一領域裡，為了與其他事物區隔而取的名字（名稱）。例如人名、公司名、地名、國名、商品名、團體名稱等。

×錯誤範例

對方：「你念書的時候有參加社團活動嗎？」

自己：「我那時候有拍電影，到處出外景。」

〇正確範例

對方：「你念書的時候有參加社團活動嗎？」

自己：「我參加電影社擔任導演，每年拍兩部懸疑電影，還曾到沖繩的西表島、北海道的禮文島出外景。」

錯誤範例 的回答很平淡，難以讓人留下印象。

正確範例 的回答使用了「每年拍兩部」、「懸疑電影」、「西表島」、「禮文島」等數字或專有名詞，對方很容易記住「參加電影社」這個答案。

不僅如此，若要讓自己說的話更具體，建議避免使用「這那那哪」詞彙。

◉這那那哪詞彙……表示物品事情的詞彙

「這那那哪」詞彙的問題在於，概念不夠清楚。

說話時如果提到「那個人」，每位聆聽者腦海裡想像的「那個人」都不一樣。若能具體闡述專有名詞，就不會搞錯了。

這那那哪詞彙的範例

	這 離說話者較近	那 離聆聽者較近	那兒 離說話者和聆聽者都很遠	哪 模糊不清
事物	這個	那個	那個	哪個
指示	這個	那個	那個	哪個
場所	這裡	那裡	那裡	哪裡
狀態	這樣	那樣	那樣	哪樣
方向	這裡	那裡	那裡	哪裡
	這邊	那邊	那邊	哪邊

3 透過「個人經驗」引起共鳴，提高說服力

在對話中加上具體範例，聆聽者較容易想像，也較容易明白說話者想要表達的意思。

提出的具體範例中，以「個人經驗」最能促進共鳴、提升說服力。

◆有效促進共鳴、提升說服力的「經驗談」

- **自己的所見所聞**
- **失敗經驗**
- **最近發生的小故事**

廣播劇作家野呂映志郎曾說：**「分享充滿獨特性的個人經驗，才能讓人覺得你很有趣。」、「與其談論電視節目或網路消息，分享自己的見聞才是最好的。」**（《妙趣橫生！擄獲人心黃金說話術》／台灣東販）野呂想說的是，話題有趣與否的關鍵，在於「自己腦中浮現的疑問和不對勁的感覺」。

關於聊天話題，請參閱第五名「善用『保證有趣的話題』維持閒聊熱度」。

✕錯誤範例

「我昨天吃了拉麵，好好吃啊！」

〇正確範例

「我昨天晚上到新宿的〇△拉麵，天氣好冷，門口卻大排長龍，我還等了三十分鐘。我吃了店裡最受歡迎的味噌拉麵，上面放滿了炒蔬菜和叉燒，完全看不見底下的麵，分量真的好多啊！拉麵的湯頭也充滿蔬菜鮮甜，意外地清爽，我連湯都喝完了呢！」

錯誤範例 只知道去吃拉麵這項事實，不知道具體內容是什麼。

正確範例 說出拉麵店的名稱，還詳細說明了拉麵的外觀和味道，聽的人可以輕鬆想像拉麵的美味。

不少說話專家認為經驗談之中，以「失敗經驗」最能引起共鳴和安心感。

身兼多摩大學名譽教授與作家的樋口裕一，在著作《只要1分鐘讓對方認為自己辦得到》（幻冬舍）中，提及與朋友、後輩說話時，「**暢談得意的失敗經驗**」是很實用的說話技巧。

「凡是人都會失敗。一般人失敗都不說，但和朋友後輩聊天時，不妨將失敗經驗包裝成詼諧自嘲的笑話，說出來博君一笑吧！失敗經驗的題材不少，包括念書時失戀、剛進公司跑客戶最後沒簽下合約，或是出國旅行的糗事等。」

有些名著也提及，以個人經驗來說，「最近」的經驗給人的印象愈深刻。平時不妨準備一些具體的小故事，以自己最近發生的事情為題材，遇到面試或自我介紹的時候，可以拿出來分享。

No.9「附和」與「點頭」是「同感的表現」

Point

1 展現興趣，投入情感

2 說出「感嘆詞＋驚訝的重點」

第九名是「『附和』與『點頭』是『同感』的表現」。
許多說話專家都強調「附和」與「點頭」的重要性。

◉附和……配合對方說話的語氣應答，將自己聽到的話當成答案再說一次。
◉點頭……點頭，表現出肯定、同意的想法。

「附和是與對方充分溝通最好的方法，讓對方知道『我很認真地聽你說話』。」

「人是從態度做判斷的，附和是肯定的表現。聆聽者可以透過附和，將認同肯定的態度傳達給對方。」（東山紘久《專業諮商師的提問技巧》／創元社）

「人在說話的時候，都會希望對方有『反應』。」「別人說話時，你是否會點頭，表現出『我在聽』的態度呢？」（野口敏《我一定要跟你聊超過15分鐘》／大是文化）

◆附和的效果

- **讓對方安心說話。**
- **給對方勇氣。**
- **打開話題。**

附和的種類

・大家都愛的附和方式

「你的意思是○○，對吧？」

「真是太好了。」

「我還是第一次聽說呢！」

「我還不知道有這件事。」

「真是辛苦了。」

「你一定覺得很落寞吧！」

「你太厲害了！」

「原來是這樣啊！」

「你一定很開心吧！」

「好棒啊！」

「我也是這麼想的。」

・支持對方的附和方式

「這種事真的會發生。」

「確實如此。」

「我懂。」

「是嗎？結果如何呢？」

值得注意的是，有些附和會讓人感覺不舒服。請各位務必避免以下說法：

◆應該避免的附和方式

- **讓對方以為你不相信他**

  「騙人！」「怎麼可能？」「真的有這回事嗎？」「怎麼會這樣？」

- **給人刻意附和的感覺**

  「啊，原來如此！」（重複好幾次）

- **讓對方覺得你沒認真聆聽**

  「這樣啊！」（心不在焉地說）

- **給人「我早就知道」的感覺，容易招致誤會**

  「是是是！」（接二連三地附和）

1 展現興趣，投入情感

只有嘴上附和無法感動對方。

讓說話者感受到「聽者很感興趣」，說話者才能開心地往下說。為了達成這一點，附和時請務必看著對方的臉，展現自己的情感。

身兼顧問與作家的安田正曾寫道：「**重點在於仔細聽對方說話，遣詞用字和一舉一動都要帶情感。簡單來說，目的就是要讓對方感受到『你很認真聽他說話』的真摯態度。**」（《超一流雜談力》／文響社）

2 說出「感嘆詞＋驚訝的重點」

感嘆詞是最能顯露情感的詞彙。

◉感嘆詞……發出感嘆（感激或感動）之情的詞彙。例如「哎呀！」「欸！」「原來是這樣啊！」等。

TBS主播安住紳一郎在與齋藤孝合著的《說話的力量》（鑽石社）中寫道：「**可以用『欸！』表達驚訝，也能用『這樣啊！』表達自己深有同感。此時如果能說明具體的原因，佐證自己驚訝或深有同感的反應，就能立刻抓住對方的心。**」

有時候光用附和表達驚訝或深有同感的反應，還是會讓對方覺得不夠真誠。遇到這種情形，安住建議採取**「感嘆詞**（表達共鳴的附和方式）**＋驚訝重點」**的回應策略。

例文

「欸！那是很難買到的果汁吧？你怎麼買到的呢？」

這樣的說話方式很容易表達情感。

No.10 先道歉再解釋

Point

1. **在說理由和藉口之前先道歉**
2. **立刻道歉**

第十名是「先道歉再解釋」。

許多說話專家都提及道歉與不找藉口的重要性，他們的論點是「不反駁」、「做錯就直接道歉」、「工作上受到指教應立刻道歉」。

◉藉口……找各種方式解釋不可避免的錯誤，正當化自己的失敗。

心理學家內藤誼人在其著作《「收買人心」黑色心理戰術》（大和書房）中寫道：「**自己發生問題時立刻道歉，這就是『收買人心』的技巧。一句『對不起』對任何人都有用。**」

此外，古希臘哲學家亞里斯多德在《辯論術》（岩波書店）中表示：「**對於反駁、否認自己罪過的人，我們要施以更嚴格的懲罰；但對於坦然接受懲罰的人，我們反而不再生氣。**」由此可見，「第一時間承認自己的錯」可以避免火上澆油，平息對方怒氣。

無論年紀多大，無論事業多成功，人都會失敗或犯錯。

雖然盡可能不失敗、不犯錯很重要，但**失敗或犯錯後如何因應更重要**，因為你的應對方式很可能扭轉現況。基本上，「第一時間道歉就對了」。

◆「立刻道歉」比想像還難

話說回來，人為什麼無法在第一時間道歉呢？

說話專家認為原因之一是「低頭等於承認自己輸了」，事實上剛好相反。

「低頭＝勝利」

「第一時間道歉＝得益」

這是說話專家的見解。他們認為道歉能讓之後的人際關係更順利。

身兼作家與心理諮商師的五百田達成在《一句話，好感度暴增、反感度爆表！》（三采）中，提到面對問題的思考方法，他說：**「工作上遇到問題時，該思考的不是『將過錯推給別人』，而是思考『怎麼說能讓自己得分』。」**

話說回來，該怎麼道歉呢？道歉有兩大重點。

1 在說理由和藉口之前先道歉

當別人指出你的錯誤或斥責你的過錯，通常很難坦然接受，於是忍不住出口辯駁，找「藉口」搪塞過去。原因很簡單，藉口不僅能為自己辯護，也能滿足自己的需求。

然而，找藉口無法讓對方接受。**說愈多藉口，反而愈容易觸怒對方**。

不找藉口，直接道歉，這才是最重要的。

◆不找藉口的好處

- **可平息事態**
- **提高好感度**

假設你原本與主管或客戶約了開會，卻因為電車延誤的關係，導致你遲到了。這個時候該怎麼因應？

✕錯誤範例

「因為平交道故障的關係，電車停開，害我耽誤了二十分鐘。我出門的時候已經算好時間，沒想到電車延誤，真的很抱歉。」

○正確範例

「我遲到了，真的非常抱歉。」

錯誤範例 先說藉口，之後才道歉。遲到的原因可說是電車延誤，但你讓對方空等，這是不爭的事實。因此，第一時間一定要先道歉。

正確範例 不找藉口，直接道歉。第一時間先道歉，之後如果對方問「發生什麼事」，再說明遲到的原因。

特別是工作上遭到勸戒或斥責時，即使過錯明顯與你無關（若是對方嚴重誤會則另當別論），也不要找藉口，應該第一時間道歉。這是基本原則。

形象顧問吉原珠央在（《成為「好想多跟你聊聊」的人的44個方法》（幻冬舍）中寫道：**「第一時間道歉的意義，在於表現出『我對於讓你感到不開心和讓你誤會的言行致上歉意』的態度，我覺得這樣的態度很棒。」**

如果要辯解，可以在道歉後找時機解釋。此外，遭到主管斥責時，道歉後要再感謝主管指出錯誤，這樣的做法更能讓主管對你刮目相看。

道歉時的順序

- **道歉**

「我很抱歉」、「對不起」

⬇（如果對方問起原因或你認為必要再解釋）

- **表達感謝**

「謝謝你的指正，我上了一課。」

就算對方誤會你也不要辯解，應避免以下說法：

「恕我冒昧……」

「恕我直言……」

「原來如此，我懂你的意思，不過……」

「關於那一點，容我表達反對意見……」

「因為○○○說了×××，我才會……（將過錯推給別人）」

2 立刻道歉

受到斥責或勸戒時，你的態度將影響外界對你的評價，和周遭人對你的印象。

重點在於「立刻」道歉。

大野萌子在《這樣說話，讓你更得人疼》（平安文化）中提及道歉三原則：

- **承認事實**
- **簡潔明瞭**
- **分秒必爭**

鼓勵大家表達歉意。

明治大學文學部教授，同時也是知名評論員的齋藤孝，在《一分鐘說重點的表達技巧》（PHP研究所）中寫道：「**各位是否曾經打算晚一點再說『我很抱歉』這類道歉的話，結果卻忘了當一個人道歉的意志過於強烈，最後很容易變成『空想而不行動』。**」呼籲讀者「千萬不要忘了道歉」。

此外，有時候不能只打電話道歉，還要當面道歉。

野呂映志郎在《妙趣橫生！擄獲人心黃金說話術》（台灣東販）提及：「**遇到發生問題必須道歉的情形，無論多忙都要抽出時間，直接找對方道歉。**」

這麼做的原因很簡單，當面道歉才能讓對方感受到語言之外的意思。

本書參考的一百本名著中，也有人對於「過度道歉」提出警示。

有時候對方已經快忘記，你卻每次見面都為上次的事情道歉，讓對方想忘卻忘不掉，這樣的做法反而造成反效果。

社會心理學家澀谷昌三在《傷害別人的說話方式、受人喜愛的說話方式》（WAC）做出以下表示：

「明明是已經過去的『歷史事件』，對方卻故意舊事重提，再次道歉，只會令人更加煩躁。久而久之，被道歉的一方不知該如何處理這樣的狀況，就會刻意避開對方。」

有心道歉很重要，但不能一直沉溺在道歉的情緒裡，**應該下定決心「不再重蹈覆轍」，將「失敗轉化為成功」**。

No.11 想說的話「愈短愈好」

Point

1 刪除多餘的話

2 養成「切割句子」的習慣

以「寫作法」為主題的前一本書《最高寫作法》（春天出版）中，第一名是「文章要簡單明瞭」。

寫作高手異口同聲地建議大家「去除贅字，以簡潔為上」。「說話技巧」也是同樣的道理。

許多說話專家提出的重點是**「話說短一點」**。

「即使只是將長話短說，聽者吸收到的資訊也會截然不同。」
（及川幸久《日本頂尖知識YouTuber資訊彙整術》／樂金文化）

「長話短說」指的是：

・**把想說的話縮短。**

・**將句子**（句尾為句點的句子）**修短。**

為什麼「長話短說」比較好？好處有以下兩點：

◆「長話短說」的好處

・**讓對方記憶深刻。**

・**較容易傳達給對方。**

KIT虎之門研究所教授，同時也是著作家的三谷宏治寫道：「**人一次可以接收的訊息量是有限的。**（略）**十五秒之內，人就會忘記九成的資訊。十五秒以後還記得住的是七個數字、六個字或五個單字而已。**」（《瞬間說重點的表達技巧》／神吉出版）

長話短說之所以較方便表達意見，原因不只是記憶。

溝通顧問鶴野充茂在《聰明解說『一學就會』的祕訣》（三笠書房）中闡述：「**想說的話愈簡短，說話的人就會謹慎選用詞彙。**」

為了斟酌什麼樣的用語可以正確傳達意見，說話者會刪減贅字，自然而然地選出對方聽得懂的簡練詞句。這就是對方容易理解的原因。

1 刪除多餘的話

刪減文章長度是長話短說的重點。

許多說話專家舉出三種適合刪減的詞彙。

◆適合刪減的詞彙（以日文為例）

(1)語尾

- **「と思います」、「と考えています」**（我想……、我認為……）
  →**「〇〇します」、「です」**
  例）「売上達成に向けて努力していきたいと思います」（我想要努力達成營業額目標）
  →「売上達成に向けて努力します」（努力達成營業額目標）

・「させていただきます」（過於客氣有禮的用語）

→「〇〇です」、「〇〇します」

例）「発売させていただきます」（新商品上市）

→「発売します」（商品上市）

・「こといたしました」（迂迴的說法）

→「〇〇ました」

例）「新規事業を立ち上げることといたしました」（容在下報告，我開創了新事業）

→「新規事業を立ち上げました」（我開創了新事業）

(2)修飾語

「徹底」、「非常」、「啪的一聲」、「毅然決然地」、「熱心地」等

(3)接續詞

「然後」、「因此」、「話說回來」等

2 養成「切割句子」的習慣

盡可能將句子縮短，以短句堆疊出文章。所謂縮短句子，就是將每句話以句點切開。

×錯誤範例

「昨天是我跑業務的日子，因為早上的天氣預報說下午會下大雨，所以即使覺得很累贅，我還是帶了雨衣出門。」

〇正確範例

「昨天我要跑業務。早上的天氣預報說下午會下大雨。即使覺得很累贅，我還是帶了雨衣出門。」

錯誤範例 用逗號串聯文章，**正確範例** 則以句點區隔。切割成簡短的句子，聆聽者較容易明白說話者的意思。

說話專家認為，廢話連篇的原因之一是沒有整理說話內容，找不到說話的重點，也不清楚自己希望對方聽了之後，會如何行動。

事先整理自己要說的話，釐清頭緒，才能做出完整論述。

No.12 帶著笑容說話

Point

1. 訓練自己保持笑容
2. 笑容加上外掛，縮短與對方的距離
3. 依照說話內容搭配不同表情

第十二名是「帶著笑容說話」。

想讓人多聽你說話，或讓自己成為大家想尋求意見的領袖，除了說話內容之外，也要重視表情。

無論是職場、戀愛、家庭或朋友關係等各種情形，都能透過表情改變自己給人的印象。

說話專家一致認為「笑容」是最能給人好印象的表情，也是溝通時最重要的基礎。

◉笑容……嘴角上揚，充滿笑意。

星涉在其著作《神表達》（KADOKAWA）中，介紹了比較行為學家艾瑞瑙斯・艾伯－艾伯斯菲爾特（Irenäus Eibl-Eibesfeldt）做的「打招呼」功效調查。

艾伯斯菲爾特以住在印尼峇里島的原住民與巴布亞人等，文化和宗教完全不同的民族為對象，觀察他們的「打招呼行為」。結果發現各個人種、文化與風俗形成特有的打招呼型態，也從中發現共通點。

「其共通點是『遇到別人時會彼此凝視約0.2秒，接著挑眉微笑』。艾伯斯菲爾特認為『微笑』可以有效緩解緊張，減少彼此的攻擊性。」

知名的商業顧問，同時在京都光華女子大學職涯發展學系擔任客座教授的和田裕美曾說：「改變表情就能營造良好氣氛」，還在書中寫道：**「每個人都會笑，如此簡單的一個表情，就能讓你顯得與眾不同。」**（《和田裕美教你討人喜歡的說話術》／大和書房）

說話專家都說：「笑容是每個人都做得到，而且有許多好處的溝通方式。」

◆帶著笑容說話的好處

- **說話時嘴角上揚的狀態給人溫和印象。**
- **傾聽時如果面帶笑容，對方就會覺得「你很認真聽我說話」，可以安心說話。**
- **打開對方的心房。**
- **消除彼此的警戒心。**
- **說話者和聆聽者都很開心。**
- **傳達自信。**
- **改變現場氣氛。**

帶著笑容說話有以下三大重點：

1 訓練自己保持笑容

即使明白笑容的重要性，但突然要你站在人前說話或不善言詞的人，一定會感到緊張，臉部表情就會僵硬，無法展現美好笑容。

怎麼做才能在說話時展現美好笑容？

答案很簡單，只要勤加訓練即可。提醒自己帶著笑容說話，久而久之就能養成習慣。

自由主播魚住理英在《只要一天，連聲音都能變好聽的說話術教科書》（東洋經濟新報社）中表示「笑容要與說話同步」，還寫道：**「稍微將嘴角往斜上方揚起，試著以這種感覺對別人說話。當你不想笑的時候，可能會覺得用這種方法做出笑容很不自然，但效果真的很好。」**

即使你不想笑，說話時帶著笑容，對方就會覺得安心，現場氣氛也會變得融洽，連帶自己也更能敞開心房暢談。

接下來與各位分享幾個一百本說話術暢銷書介紹的「笑容訓練方法」。

學會面帶笑容的方法

- 「假笑」也可以，請持續下去。
- 每天早上對著鏡子展現自己喜歡的笑容。
- 每段話的最後加上一個無聲的「C」。
  「期待下次再和你一起工作（C）。」
  「真的很謝謝你（C）。」
  「早安（C）。」
- 無論多厭煩或焦躁，一定要記得面帶笑容。

2 笑容加上外掛，縮短與對方的距離

不只是笑容，還要注重聲音的表情和視線，就能給對方更良好的印象。

形象顧問吉原珠央認為「也要考量眼睛給人的印象」。

「簡單說明笑容的重點，就是『嘴角上揚五公釐』，亦即維持微笑的表情。不僅如此，我還想建議大家一定要注意雙眼給人的印象。」

「即使嘴上說得親切，若雙眼不含笑意，親切感便淪為表面工夫，實際上是在排斥對方。雙眼與嘴角和你說的話一樣傳遞出強烈的訊息。」（《成為「好想多跟你聊聊」的人的44個方法》／幻冬舍）

永松茂久也在《共感對話：1分鐘讓人喜歡的對話術》（三采）中表示：**「如何讓對方感受到自己的心意，這才是重點。」**想要做

到這一點，最有效的方法是：「**面帶笑容聆聽，將情感融入自己說的話，再利用肢體語言向對方表達自己的反應。**」

不僅如此，「臉部表情」、「聲音表情」與「整體表情」這三大元素必須持續巧妙運用。

搭配笑容的外掛元素

- 不只嘴角，眼睛也要笑。
- 臉部保持笑容，注重「聲音表情」與「肢體語言」。

3 依照說話內容搭配不同表情

雖說笑容是溝通關鍵，但並非什麼話題都要帶著笑容說。

必須**依照場合與狀況調整**。

戶田久實在《阿德勒教你如何說話被喜歡》（大樂文化）中寫道：「**認為『只要帶著笑容說話就不會被討厭』的想法是妄想。**」還提及以下狀況不適合帶著笑容說：

◆不適合帶著笑容說的話題

- 婉拒對方請求的時候。
- 向對方提出重大請求的時候。
- 勸戒別人的時候。

傳達上述意思時若是為了「不被對方討厭」而帶著笑容，對方會以為你在開玩笑。

關於這一點，戶田的評論是：「**為了顧慮對方心情而擠出的笑容，很容易模糊你想傳達的訊息，因此一定要帶著認真嚴肅的表情說。**」

說話專家寫的暢銷書中，也舉出幾個不適合帶著笑容因應的場合。

◆不適合帶著笑容因應的場合

・同事向你傾訴親人生病的情形。
・客戶談論自己過去的悲慘經驗。
・現場情況沒有笑的理由時。

和別人說話的時候一定要觀察對方的情緒反應，做出適合的表情回應。

當對方悲傷時，一定要察覺到他的情緒，這一點很重要。依照對方說的話，決定要不要帶著笑容回應。

No.13 可以責罵但不能怒罵

Point

1. 不否定對方的人格
2. 該表達的是「事實＋改善重點＋理由」
3. 「責罵」必須搭配「尊敬」與「愛」

在一般公司，主管或前輩會斥責部屬或後輩。在一般家庭，我們也可能責罵小孩或另一半。無論身處何種情境，「如何說話」、「如何表達自己的想法」會嚴重影響對方的感受。

首先要釐清的是，「責罵」與「怒罵」有何不同？

筆者查閱多本字典，得到的解釋如下：

◉怒罵……生氣。同「責罵」。伴隨著憤怒的情緒。

◉責罵……以強烈的字眼責備下位者的過錯或缺點（希望讓他們改過修正）。重點在於勸戒。

在一百本說話術名著中，有些著作定義如下：**「『責罵』是希望對方成長而指出錯誤；『怒罵』是將自己的怒氣發洩在對方身上，是一種任性妄為的行為。」**

在表達「重點在於勸戒」的意見時，本書使用「責罵」一詞。

統整說話專家的意見，責罵的目的是**「希望對方改善，使其成長」**。

老闆和主管的職責是使部屬成長。可惜不少上位者擔心責罵會破壞雙方關係，或被舉報權勢霸凌，因此不擅長「責罵」部屬。

不可諱言，**錯誤的說話方式確實會傷害對方，甚至演變成職場霸凌**。

大野萌子在《這樣說話，讓你更得人疼》（平安文化）中，做出以下的提醒：**「一般公司團體會依照職等、年資建立明確的『上下關係』，上位者若是攻擊或控制下位者，就會形成權勢霸凌。」**

話說回來，說話專家如何責罵部屬呢？他們都依循以下三大重點：

1 不否定對方的人格

稍稍發怒，也很可能不小心說出否定對方人格的話。

◉人格……一個人的存在方式、個性、人性。

許多說話專家提及責罵時絕對不能向對方說的話，就是「否定人格的詞彙」。

絕對不能說的「人格否定」詞彙範例

「你沒救了。」

「你做的事毫無意義。」

「你是笨蛋嗎？」

「白痴！」

「笨蛋！」

「你不適合做這份工作。」

「你做事很隨便。」

「你很散漫。」

「責罵」的目的是讓當事人成長。若使用這類「否定人格的詞彙」，不僅無法讓他成長，對方也會失去幹勁，喪失自信，降低自我肯定感。到最後就會唯唯諾諾，進退維谷。

責罵別人時請勿攻擊「人格」。

除此之外，禁用詞彙還包括「針對當事人無法回答的問題追究原因」、「與自保有關的用語」。

絕對不能說的「追究原因」詞彙範例

「為什麼你連這種事也不會？」

「你為什麼做事拖拖拉拉的？」

「你為什麼不照我說的做？」

絕對不能說的「自保」詞彙範例

「你失敗會影響我的評價。」

2 該表達的是「事實＋改善重點＋理由」

話說回來，責罵時該將焦點放在哪裡？

說話專家建議**聚焦在「採取的行動」與「事實」**即可。

責罵的對象不是「人」，而是「事」。

此時應「具體」說明「你希望他如何改善」與「斥責理由」，這一點很重要。

簡單來說，**「事實＋改善重點＋理由」**缺一不可。

假設公司有一位新同事開會遲到，此時該如何因應呢？

✕錯誤範例

「你真的很散漫，皮要繃緊一點啊！」

○正確範例

「你今天開會遲到了二十分鐘，最好不要遲到。參加團體會議時，一定要守時。如果只有你不知道今天的開會內容，會影響後面的業務發展。我們一起來想怎麼做才能讓你不遲到。」

錯誤範例 以「散漫」否定人格，接下來的命令「皮要繃緊一點」又太模糊。

正確範例 不觸碰人格，描述「開會遲到了二十分鐘（事實）」，明確指示「一定要守時（我希望你怎麼做）」，最後再加上「影響後面的業務發展（理由）」。

◆最好不要使用的「模糊詞彙」

「皮繃緊一點」
「做事要確實」
「按規矩來」
「認真一點」

3 「責罵」必須搭配「尊敬」與「愛」

責罵的目的是「希望對方改善，使其成長」，一定要抱持對於對方的尊敬與愛。

正因為責罵很容易流於情緒化，才更要主動表達敬意。

有本書簡單扼要地介紹了責罵重點，容筆者統整如下：

《被罵的能力》（文藝春秋）中，阿川佐和子提及「責罵方法的祕訣」是雜誌主編告訴她的諧音哏「情理簡性比記個」（發想者是Life belance management研究所的渡部卓）。

責罵方法的祕訣

情……不情緒化

理……說理由

簡……簡單說

性……不觸碰性格（個性與人格）

比……不與他人比較

記……不記恨

個……個別責罵

在說話術暢銷書中，有幾本提及對於孩子的責罵方法，統整如下。責罵部屬時也值得參考。

「責罵孩子」的重點

- 盡可能不用「不行」、「不對」等字眼。
- 聚焦過程（不否定能力與做法）。
- 表達父母的心情。
- 責罵行為（不否定人格）。
- 說明理由。
- 以簡單的詞彙和孩子說話。

No.14 與輩分較高的人說話應保持客氣的態度

Point

1. 面對主管或輩分較高的人，從「用字遣詞」就要客氣
2. 仔細聆聽才能反駁對方
3. 在對方問之前就先報告
4. 不要忘記「向別人請教」的態度

與長輩或主管說話時，很容易感到緊張，或是顧慮長輩的反應，變得沉默寡言。

不過，只要學會說話祕訣，就能和長輩相談甚歡。

許多說話專家認為，與輩分較高的人說話一定要保持客氣的態度，這一點很重要。

不過，也不能因為對方輩分較高就過度謙卑，一定要確實說出自己的意見。

多摩大學名譽教授樋口裕一曾說：**「或許『好好先生』可以在某些公司出人頭地，但在這樣的公司也無法大展身手。儘管直接說出反對意見可能不太好，但若是正派的公司，有員工能犀利地點出上位者的弱點，這位員工一定會受到重用。」**（《只要1分鐘讓對方認為自己辦得到》／幻冬舍）

1 面對主管或輩分較高的人，從「用字遣詞」就要客氣

面對主管或輩分較高的人，**不只要注意行為舉止，用字遣詞也要客氣**。

另一方面，以下用詞一定要避免：

- 感覺高高在上的詞彙
- 評價好壞的詞彙

◉高高在上……上位者對下位者表現出的言行舉止。對別人擺出明顯的藐視態度。（《數位大辭泉》）

有「禮儀界教主」之稱的金森TAKAKO在著作《進公司第一年的商業禮儀教科書》（PRESIDENT社）中，指出為了避免「給人高高在上的感覺」，**建議將命令語氣改成依賴或詢問的語氣，「使用緩衝用語」**。

◉緩衝用語……在進入重要主題之前，加上一句話緩衝。例如「如果可以」、「如果不麻煩」、「百忙之中打擾您，非常抱歉」等等。

表達意見也是同樣的道理，先說一些為對方著想的話，就能大幅改變對方的印象。

「命令語氣」→「依賴語氣」、「詢問語氣」的例文

×「過來」（命令語氣）

⬇

○「請問可以來一下嗎？」、「方便過來一下嗎？」（依賴／詢問語氣）

緩衝用語的例文

「如果方便的話，我可以向您報告嗎？」

「百忙之中打擾您，非常抱歉，可以給我一點時間嗎？」

「高高在上的態度」、「影響好壞的評價」→「表達敬意」的例文

×「表現得不錯。」

⬇

○「做得好，我很佩服。」

⬇（若想展現更謙遜的態度）

○「做得好，太讓人敬佩。」「做得好，我很感動，十分欽佩。」

不只是對公司前輩或年長的客戶，與身邊長輩說話，也要使用客氣有禮的詞彙。

舉例來說，假設對象是自己的爺爺奶奶，我們該如何跟他們說話呢？茶道家鹽月彌榮子的著作指引了一些方向。

「利用『多虧有爺爺在……』『我還有好多事需要奶奶教

我……』等說法，讓他們有『被人需要』的感覺，更有精神面對每一天。」

「年輕人有義務理解並處理熟年者特有的心理動向，充滿溫度的因應方式可為熟年者的內心注入活力，滿心歡喜地接受年輕人的做法。」（鹽月彌榮子《優雅的說話技巧》／光文社）

此外，也有說話專家抱持不同意見：**「說話方式與內心的因應方式，不因頭銜和立場改變。」**

2 仔細聆聽才能反駁對方

誠如先前所述，不能因為對方是主管或輩分較高就**過度謙卑，一定要確實說出自己的意見**。

不說出自己的意見，會讓你陷入「養成被動的習慣」、「遭到輕視」、「無法受到周遭人尊重」等不利處境。請務必確實表達自己的意見。

話說回來，若要反駁對方意見，請務必遵守必要步驟，也要多用點心。

若是突然冒出一句「部長的做法是錯的」，反而會讓對方產生戒心，不想聽你的意見。

善用以下兩大祕訣，就能讓對方聆聽你的反對意見。

讓對方聆聽反對意見的祕訣

- 使用緩衝語句。
- 先接受對方的意見。

福田健在《女人因說話方式改變九成》（經濟界）中介紹的「緩衝語句」，可緩和反對意見帶來的衝擊。

讓反對意見變溫和的魔法句子

- 請恕我冒昧說一句……
- 我這麼說有點沒大沒小……
- 不好意思，能讓我說句話嗎？
- 我實在是太緊張了，不知道能不能清楚表達……
- 儘管我擔心您會我說又懂什麼，但……
- 對不起，可以聽我說句話嗎？

在表達反對意見之前，先以「開朗溫和的語氣」說出緩衝語句，讓對方想要聽你說話。

若對象是難以應付的主管，更要用心說話。

樋口裕一介紹了「**先列出看似贊成的意見，最後再加上反對意見的方法**」。

「**在『您說得很對，因為……』之後，舉出大量論點根據，最後再加上一點反對意見。善用『不過，也要考慮……的狀況』這類說法，對方較容易接受。**」（《只要1分鐘讓對方認為自己辦得到》／幻冬舍）

無論內容如何，反對意見一定會讓對方不舒服並感到緊張。

先用「您說得對」接受對方的意見，有助於舒緩對方的不悅與緊張感。

最後再加上自己的反對意見即可。

3 在對方問之前就先報告

說話專家建議**在主管詢問之前，就要先做好「報聯商（報告、聯絡和商量）」**。

若是在主管詢問「前幾天的活動報告書寫得如何」之後，才慌慌張張地回報，這種情形下，你很可能沒做好準備，於是語無倫次，甚至答不出來。

按照自己的步調，在適合的時機先向主管回報，就能應答如流、匯報內容完整確實。

搶先回報還能避免以下狀況：

・主管問才回答，容易讓人誤以為你欠缺自主性，個性上較為被動。

・讓人以為你延誤了工作。

向主管回報工作進度時，請注意以下幾點：

向主管報告時的說話重點

- 從結論說起。
- 不要說「意見」，請傳達「事實」。
- 活用5W3H。

5W3H指的是When（何時）、Where（何地）、Who（誰）、Why（為何、動機）、What（什麼任務、課題）、How（如何）、How many（多少）、How much（價格）。

這是大家耳熟能詳的5W1H（請參閱第四名說明內容），加上How many（多少）與How much（價格），此分析法可以做出更詳細的報告。

CNEXT PARTNERS董事長戶塚隆將在《為什麼世界頂尖人士都重視這樣的基本功？》（天下文化）中，建議採取「**確認型報聯商（報告、聯絡和商量）**」。

也就是利用「**我的想法是〇〇，您覺得如何？**」等問句，向對方確認是否可行的溝通法。

「確認型報聯商不只是有效推動工作的必要祕訣，還能提高你在他人心目中的信賴程度。」

此外，戶塚隆將也認為，在公司與主管一起搭電梯時，若能「主動搭話」，主管一定會覺得你很積極，對你留下良好印象。

4 不要忘記「向別人請教」的態度

和輩分較高者接觸時，有時會遇到找不到話題聊的情形。年齡差距愈大，這種問題愈明顯。此時一定要表現出「請您指導我」的態度。

動機與溝通學院（Motivation & Communication School）代表桐生稔在《一流、二流、三流的說話術》（商周出版）表示：「**輩分較高的人教導輩分較低的人，這在人類社會很常見。**」接著解釋：「**就像人類想要繁衍後代，輩分較高的人將自己的經驗傳承給輩分較低的人，早已深植在人類的DNA裡。**」總而言之，「**只要理解人性裡的教導欲望，就能找到與年長者的談話重點。**」

擺出「請您指導我」的態度與長輩說話，對方會樂於「傳授自己的經驗」，對你多加照顧，更容易擴展話題。

✕錯誤範例

「部長每次整理資料都好快喔。」

○正確範例

「部長每次整理資料都好快，您有什麼祕訣嗎？」

錯誤範例 只說出「好快」這樣的感想就結束話題，**正確範例** 在感想後加上提問，表現出「請您指導我」的態度。

重點在於善用**「怎麼做才能有那樣的成果？」、「為什麼您的能力這麼好？」等問句，請對方傳授自己的經驗與想法**。擺出「請您指導我」的態度，即使是不擅長與客戶閒聊的人也能相談甚歡。

No.15 以「簡單」、「溫暖」的話語表達自己的想法

Point

1 必須解釋專有名詞

2 以更淺顯的詞彙替換同音異義詞

3 不要常用外語

第十五名是「以『簡單』、『溫暖』的話語表達自己的想法」。

「簡單」、「溫暖」的話語指的是：

「小學生聽得懂的話。」

「對方能充分理解的話。」

以淺顯易懂的演說風格聞名全球的第十六任美國總統亞伯拉罕・林肯，也很注重孩子們聽得懂的話。他曾說：「**我會將使用的詞彙改成每個小孩都聽得懂的簡單用語。**」（戴爾・卡內基《卡內基演講術》／晨星）

對話時一定要選用「對方能充分理解的話」。若將工作時與客戶對話使用的詞彙，用在與鄰居或家裡的小孩說話時，年幼的孩子聽不懂你在說什麼。

相反的，若將對孩子說的話拿來對客戶講，則會給人幼稚的印象。

「看對象選擇適合用語」相當重要。

×錯誤範例

客人：「請給我一杯熱咖啡。」
店員：「好的，一杯Hot Coffee。」

○正確範例

客人：「請給我一杯熱咖啡。」
店員：「好，一杯熱咖啡。」

在 錯誤範例 中，店員將客人說的話替換成自己平時的慣用語。

在 正確範例 中，店員直接複述客人說的話，**可拉近與客人之間的距離，讓對話更順暢**。

1 必須解釋專有名詞

電視上的綜藝節目邀請專家評論某件事時，有時觀眾會聽不懂專家在說什麼。

原因在於「專家常說艱澀難懂的專有名詞」，加上「觀眾不熟悉該領域，不具備相關知識」。

GiXo股份有限公司董事、行銷策略總監（CMSO）田中耕比古在《世界最強顧問的6堂說話課》（大樂文化）中，表示：「**專家說的話之所以艱澀難懂，是因為他們不明白『聽者理解事物的程度』。**」

與非專家對話時，最好事先詢問對方「想知道什麼」。如果無法直接詢問，可在談話過程觀察對方反應，找出「對方聽得懂、聽不懂的話」與「理解程度」。

進行簡報或是與客戶開會時，若使用自己慣用的專有名詞，對方卻聽不懂，反而會阻礙雙方的溝通。

除非你已經知道對方具備哪些知識，否則**盡可能不用專有名詞，若使用專有名詞，也要補充說明**。

此外，有些專有名詞只在特定業界流通。

這些專有名詞稱為「行話」。行話只在了解該詞彙意義的業界使用，若與非業界人士溝通，請務必以其他詞彙取代。

×錯誤範例

「稿子第二十五頁第三行要整行刪補嗎？」

○正確範例

「稿子第二十五頁第三行要整行刪除，再將後面的字往前移，填補空格嗎？」

「刪補」是校正（修整稿子缺漏的作業）用語，意指「刪除不要的部分，填補空格」。這是出版業界常用的詞彙。**錯誤範例** 使用了出版業界的行話，非業界人士聽不懂。

正確範例 以淺顯易懂的說法取代「刪補」。

使用專有名詞或行話的前提是，自己一定要正確理解這些詞彙的意義。

如果自己也不懂，就無法清楚解釋給對方聽。

2 以更淺顯的詞彙替換同音異義詞

容易導致誤解的同音異義詞，一定要以其他詞彙取代。

◉同音異義詞……發音相同，意義不同的語詞。

×日文同音異義詞導致混淆的例子1

「明日、キコウしたいと思います」（由於日文的キコウ有以下意思，若沒寫清楚，很容易混淆）

- 起工……開工。（我想在明天開工）
- 寄稿……投稿。將自己寫的稿子寄給報章雜誌刊登。（我想在明天投稿）
- 寄港……靠港。船舶在航海途中停靠港口。（我想在明天靠港）

×日文同音異義詞導致混淆的例子2

「Aさんが、シジされたみたいだね」（由於日文的シジ有以下意思，若沒寫清楚，很容易混淆）

- 指示……下達指令。（聽說是A先生指示的）
- 支持……贊成或背書他人意見。（聽說是A先生支持這一點）
- 師事……拜某人為老師。（聽說是A先生拜他為師）

除非有前面的鋪陳，不至於誤會意思，否則如果要使用同音異義詞，請務必補充說明。

3 不要常用外語

工作時常常使用外語，但有時候對方不一定聽得懂。

◉外語……非母語的語言。包含已融入日常生活的慣用外語。

只有在雙方都理解意思的情況下才使用外語，如果不理解意思，請使用其他詞彙說明。

職場常用的外語範例

外語	中文
accountability	說明的義務與責任
assign	指派、任命
guideline	指導方針、標準
gimmick	手法、花招
capacity	容納能力、容量、容積
commitment	投入、承諾、保證
consensus	共識
content	內容、內容物、作品
compliance	遵守法令
seeds	企業具備的「技術」、「知識技能」、「人才」、「設備」等
synergy	協同效應
spec	說明書
solution	解決問題的手段與方法
tight	沒時間、緊湊、緊繃
deformation	扭曲、使材料變形
knowledge	知識、資訊
niche	利基市場
bias	偏見、先入為主的觀念
paradigm	範例
paradox	悖論
priority	優先順序
proper	正式的、終身雇用員工、正職員工
matter	有關係、問題
moral hazard	道德風險
universal service	普遍服務
risk management	風險管理
literacy	知識、教養
regulation	規則、規定
resume	摘要、履歷表

No.16 不說、不聽，也不參與「在背後說別人的壞話」

Point

1 不隨壞話起舞

2 盡可能轉移話題或離開現場

第十六名是「不說、不聽，也不參與『在背後說別人的壞話』」。

說話專家撰寫的暢銷書有許多類似意見，例如「不說別人壞話」、「不抱怨或訴說不滿」、「不參與八卦」。

◉壞話……說別人不好的事情。負面言詞。
◉抱怨……感嘆懷才不遇，說出說了也沒用的話。
◉八卦……以不在場的人為對象說東說西。

為什麼人愛說別人壞話？原因有很多，包括「沒自信」、「宣洩壓力」、「喜歡說人壞話或批評他人」等。

話說回來，為什麼不建議說別人壞話？

原因很簡單，說別人壞話不僅搞砸人際關係，也會影響健康。

「刺激壓力荷爾蒙分泌」
「長期下來，還會增加罹患認知症等其他疾病的風險。」
「人際關係變差」
「變成專挑他人毛病的人」（樺澤紫苑《最高學以致用法》／春天出版）

星涉也提及「不說別人壞話比較好」的科學根據。這是在美國進行的實驗，結果顯示**「擅長積極讚美他人**（正向八卦）**的人，較容易讓人感覺親近」、「大家都不喜歡到處說別人負面八卦的人。」**
（《神表達》星涉／KADOKAWA）

說壞話「百害而無一利」，建議各位千萬不要說別人的壞話。

1 不隨壞話起舞

比較棘手的情形是，即使自己不說壞話或閒話，也會聽到別人評論其他不在場的人。

遇到這種情形時，**即使對方說開了，你也不要否定或肯定**，這一點很重要。只要回「是這樣嗎？」、「有這回事嗎？」、「這樣啊」、「是這樣啊」即可。

絕對不可跟著附和或一起加入說壞話的行列。

齋藤茂太在（《一句話改變人生》／春光）中表示：**「當你和別人一起說壞話，往後你還能相信那個跟你一起說壞話的人嗎？我相信一定不能。我一定會擔心『他現在和我一搭一唱，若是換個地方，說不定他就在哪裡說我壞話了』，開始疑心生暗鬼，再也無法信任對方。」**簡單來說，說壞話會讓一個人失去信用。

2 盡可能轉移話題或離開現場

說壞話有一種特性，只要有人附和，內容就會愈來愈偏激。當周遭的人熱烈地談論別人的壞話，說話專家建議最好**「丟出另一個話題」**或**「轉移話題」**。

精神科醫生片田珠美在《成熟大人回嘴的藝術》（大是文化）中如此闡述：

「如果對方一直抱怨個不停，不妨先回『就是說啊』、『這樣啊』，接著立刻轉移話題，改說自己想說的話。」

「只要重複幾次，對方一定會察覺到『你不想再聽他抱怨了』。」

如果你坐在旁邊的位置，對方滔滔不絕地說別人的壞話，也可以找個藉口，例如「我去上一下廁所」、「我想起還有事要辦」，**離開現場**。

遠離「壞話」這個話題、遠離「說別人壞話的人」，這才是最重要的事情。

福田健在《女人因說話方式改變九成》（經濟界）中提到：**「閒話也是聊天的一部分，不可能禁止別人說壞話。」**他還介紹了想說壞話時應該遵守的原則，筆者統整如下：

・不過度

謹慎因應過度的閒話（充滿惡意的壞話）。不主動開口，當對方問「你說對吧？」，你就回答「沒這回事」，虛應過去即可。

・選擇聽閒話的對象

不對職場同事說競爭對手的壞話，如果要說就對姊妹淘私下抱怨。

No.17 加上動作和手勢

Point

1. 簡報時要注意肢體語言
2. 善用鏡像映現與對方同步
3. 不要過度使用手勢

說話術名著中，有十九本書認為說話時加上**「動作和手勢（gesture）」**的好處是：**「較容易讓對方明白自己的意見」**、**「淺顯易懂」**與**「提高說服力」**。為什麼說話時加上「動作」和「手勢」，可讓對方較容易明白自己的意見呢？

原因在於「比起『對話內容』，『說話方式』和『肢體語言』較容易讓人留下印象」的說話原理。

◉肢體語言……動作、手勢、表情等，有時還包括外表和服裝。

許多名著都介紹加州大學洛杉磯分校的艾伯特・麥拉賓（Albert Mehrabian）提倡的「麥拉賓法則」（the rule of Mehrabian）。

「麥拉賓法則」將對話分成「語言（verbal）」與「非語言（non-verbal）」兩個部分，並依照以下比例傳達給對方。

・**語言**　**「說話內容**（語言訊息）**」……7%**
・**非語言**　**「說話方式**（聽覺訊息）**」……38%**
　　　　「肢體語言（聽覺訊息）**」……55%**

麥拉賓法則

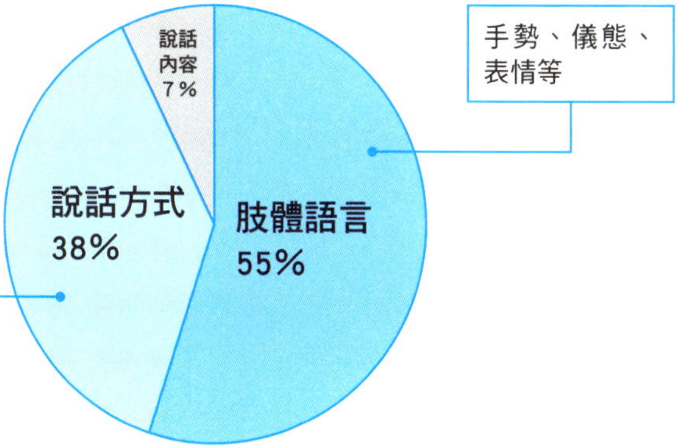

麥拉賓透過實驗證實了當語言訊息、聽覺訊息和視覺訊息等三大元素互相矛盾，非語言要素給人的印象最深刻。

也就是說，當你「笑著責罵他人」，外表的「笑容」給對方的印象比「責罵內容」更強烈，會讓對方覺得「你並非真的生氣」。

1 簡報時要注意肢體語言

Insight Learning代表箱田忠昭說：「**能否給對方好印象取決於說話方式和肢體語言。**」還說：「**對客戶簡報時，肢體語言很重要。**」《成功人士的說話法則和溝通術》／FOREST出版）

說話內容當然很重要，但若展現出畏畏縮縮的態度，低著頭小聲說話，就很難讓人留下印象。尤其是**在眾人面前，例如對著客戶做簡報時，一定要充分運用肢體語言**。

此外，《大家來看賈伯斯：向蘋果的表演大師學簡報》（卡曼・蓋洛／美商麥格羅希爾）一書中，介紹了芝加哥大學大衛・麥克尼爾（David McNeill）博士的發現，也就是肢體動作和語言之間的關係。

「說話時搭配身體動作和手勢，有助於統整思考，簡報時有更傑出的表現。有趣的是，若說話時刻意不動身體，反而能吸引聽者的注意力。」

簡報時搭配身體動作和手勢，對自己十分有利。

2 善用鏡像映現與對方同步

和別人說話時，會發現有些人頻率契合，有些人接收不到訊號。「頻率契合」就是彼此心意相通的狀態。

當你想與對方頻率契合，不妨使用「鏡像映現」技巧。鏡像映現就是**像照鏡子一般模仿對方的動作**。例如對方伸手拿杯子喝咖啡，你也不著痕跡地拿起咖啡喝。對方打呵欠，你也跟著打呵欠。

模仿對方的動作可以校準彼此頻率，讓雙方對上線。

3 不要過度使用手勢

基本上，使用手勢時一定要「自然」，用太多會讓人感覺焦躁不安。專家認為**「適度的手勢與觀眾比例成正比」**。簡單來說，面對聽眾較多的場面，手勢一定要誇張一點。

具有代表性的手勢

・說明「重點有三個」時

說到「有三個」的時候，伸出三根手指，放在嘴巴前面，讓所有人都看得到。而且伸出來的手要靜止不動。

・想指出某人的時候

五指併攏，手掌朝上，往前伸。

要特別注意的手勢（包括儀態）

×手放在衣服、頭髮、手錶或戒指等物品上→對方會將注意力放在你的手上，還會覺得你坐立不安。

×摸著頭說話→傳遞出「沒有自信」、「做了什麼虧心事」的訊息。

×將手放進口袋→看起來沒精神且漠不關心。

×將手放在腰上→看起來很挑釁。

×雙手抱胸→展現出拒絕且挑釁的態度。

No.18 不打斷對方的話

Point

1. 話要聽到最後
2. 不要搶話

第十八名是「不打斷對方的話」。說話專家撰寫的暢銷書中，也有「不打斷」、「不搶走話題」這類的描述。

說話時絕對不能打斷對方或搶走話題，一定要聽到最後，這一點很重要。

1 話要聽到最後

筆者在第十四名曾經提及，當主管或輩分較高的人說話時，不要打斷他們。話說回來，無論是部屬或第一次見面的人，基本上都要聽到最後，而且不能打斷他們。

雅虎日本株式會社的常務執行董事本間浩輔在《解放員工90%潛力的1對1溝通術》（台灣東販）中，提及主管專注傾聽部屬說話的好處：「**可透過部屬的意見，慢慢釐清自己的想法並加深見解。**」

「把話聽到最後」還有以下好處：

・對話愈來愈熱絡。

・讓對方喜歡你。

・培養有思考能力的部屬。

・成為受歡迎的人。

・讓人覺得安心。

◆插話行為範例（NG範例）

・插話並改變話題

在對方說到一半時插話，以「話說回來」、「先別說這件事了」、「比起這個」等用語打斷對方的談話，轉換話題。

・不讓對方說完就總結對方的意思

不聽完對方說的話，擅自總結對方的意思。例如：「總而言之，你的意思是○○嗎？」接著開啟另一個話題。

・對方說到一半時提出疑問

對方正說得起勁，卻針對自己想知道的事情提問：「你剛剛說的○○是怎麼一回事？」

・搶話

不顧對方開啟話題，逕自搶話「對，我知道！」、「喔！那個我看過了」，把話題主導權搶過來。

聽完對方說的話之後，若想提出疑問，不妨遵守以下原則：

「對方說完話之後，等三秒鐘再提問。」

若自己有話要說，等對方說完後，先以一句「對啊，這種事很常見」認同對方的經歷，再問「你願意聽聽我的故事嗎？」，待對方同意後再說。

2 不要搶話

閒聊的時候若能找到彼此的共通點，就能愈聊愈開心。如果和對方第一次見面，找出共通點更顯重要。

不過，找到共通點會讓人更想說出自己的故事，忍不住侃侃而談。

但這樣的做法等於搶了對方的話。

話說回來，尋找「共通點」的目的是「想了解對方」、「想聽對方的故事」。

為了達成此目的，當對方先丟出話題時，切勿中途搶話，聊天過程一定要以對方為主。

✕錯誤範例

對方：「週末時我都在庭院種花種草。」

自己：「是嗎？我也很喜歡種花種草呢！」

對方：「看來我們志趣相投呢！你都種什麼植物呢？」

自己：「我喜歡種香草類植物，做菜時也會用到。」

〇正確範例

對方：「週末時我都在庭院種花種草。」

自己：「是嗎？我也很喜歡種花種草呢！你都種什麼植物呢？」

對方：「我種很多植物，現在正是木槿花和九重葛的花季。若只看我家庭院，會讓人以為來到了南方國家呢！」

在 **錯誤範例** 中，對方丟出「在庭院種花種草」的話題，沒等他說完，「自己」就開始以同樣主題搶話，自顧自地說起自己的經驗。

在 **正確範例** 中，「自己」先附和相同主題，再向對方提問，整個聊天過程以對方為主角。

假設**現在是以你的個人經驗為聊天主題，在你說完之後，不妨以同樣的主題問對方**。

對話必須由自己和對方一搭一唱延續下去。除了採訪或做簡報這類場合之外，一定要極力避免單方面聆聽，另一人說個不停的情形發生。

話說回來，有些人說話沒有重點，還很冗長。河野英太郎也在《頂尖人士的職場武器 99%人忽略的1%工作訣竅！》（楓書坊）中，提出三個步驟應付這類狀況，教導讀者「如何在不傷害對方面子的情形下，利用策略性說話技巧，有效轉移話題」。筆者統整如下：

既給對方台階下又能轉移話題的說話技巧

①「我懂了，重點就是〇〇。」——以這句話切入話題。

②「我想確認一下，您的意思是△△，對吧？」一邊確認一邊整理對方說的話。

③「原來如此，△△就是□□啊！對了，換個話題……」以這個方式整理說話內容，加上一句總結。

No.19 說重點更能有效表達

Point

1 聚焦於單一話題焦點（主題）

2 將「〇〇有三個」當成口頭禪

當一個人有很多想說的話，會忍不住談論各種話題。若私底下這麼做，其實無傷大雅，但若是工作上開太多話題，反而對自己不利。基本上，**工作時請務必簡單扼要，講重點即可**。

說話專家提出了「講重點的好處」，筆者統整出以下三點：

◆講重點的好處

- **容易留下印象。**
- **對方容易記住。**
- **聚焦於課題或論點，可有效利用時間。**

1 聚焦於單一話題焦點（主題）

在大眾面前公開說話，請鎖定單一焦點或主題。

由小林康夫與船曳建夫統整的東京大學教養學部輔助教材《知的技法》（東京大學出版會）中，提及「**口頭發表最重要的關鍵**」是「**說話內容的主題必須清楚明瞭**」。書中更寫道：「**盡可能簡單扼**

要地整理你希望聽者記住的重點，釐清話題主旨。」

中谷彰宏在《面試高手　聖經版》（鑽石社）說道：**「縮小話題範圍，只挑一個主題來說。如果你不知道『該選擇哪一個主題』，選擇標準就是最有趣的話題，而且要能突顯自己的優點。」**

無論是在眾人面前發表報告或面試，只說「想讓大家記住的重點」才是最重要的事情。

有一本說話術暢銷書介紹了話題的選擇方法。**「問自己『為什麼聽者應該注意這項創意／資訊／商品／服務？』話題結束後，如果要你舉出最希望聽者記住的重點，你會選哪一個？」**（卡曼・蓋洛《大家來看賈伯斯：向蘋果的表演大師學簡報》／美商麥格羅希爾）

向客戶做簡報時，如果有好幾個主題想說，也無須勉強。

記者池上彰曾說：

「向客戶做簡報的時間通常只有三、五分鐘，最多十五分鐘，無論面臨哪種情形，只說一個主題就夠了。」（《傳達力》／天下雜誌）

若想在十五分鐘談論兩個以上的話題，聽者很可能無法消化，進而失去專注度。

2 將「〇〇有三個」當成口頭禪

深入談論一個話題時，簡單扼要的說明相當重要。

既然如此，該劃幾個重點呢？

筆者統整說話專家的意見，「三個」是最好的。

我們經常聽到「〇〇有三個」這樣的說法。

許多顧問、亞馬遜的傑夫・貝佐斯（Jeff Bezos）、阿里巴巴的馬雲等**世界頂尖菁英們的口頭禪都是「〇〇有三個」**。

為什麼是「三」呢？

岡本純子說出了理由：**「這是因為『3』這個數字不會太多、也不會太少，是個剛剛好的『神奇數字』。『3』聽起來讓人感覺平穩，自古以來就是個常用的數字，例如『過去，現在，未來』、『金銀銅』等。」**（《最高說話術》／春天出版）

戶塚隆將更在書中提及：**「提出足以佐證個人主張的根據或理由時，無論說太多或說太少都會讓效果減半。提出一個太少，提出五個又太多，可佐證論點的摘要數量以三個最適當。」**（《為什麼世界頂尖人士都重視這樣的基本功？》／天下文化）

「〇〇有三個」的〇〇，可以置換成「理由（根據）」、「好處」、「重點」、「課題」等詞彙。

「〇〇有三個」的使用範例

・結論

「□□□的結論是□□□。」

・理由

「理由有三個，
第一個是□□□。
第二個是□□□。
第三個是□□□。」

・結論、總結

「有鑑於此，□□□的結論是□□□。」

當你說「重點有三個」、「理由有三個」，**對方就能做好「傾聽的準備」。**

伊藤羊一認為：「**以演講為例，當講者伸出三根手指頭並說『理由有三個』，底下的聽眾就會開始動筆，將重點寫在筆記本上。**」（《極簡溝通》／平安文化）

No.20 對話與簡報的關鍵在於「引導」

Point

1 說出對方「想聽」的話

2 別說「我害怕演講」

第二十名是「對話與簡報的關鍵在於『引導』」。

說話專家都說**「鋪陳很重要」**、**「開頭十分關鍵」**、**「一定要抓住眼球**（吸引注意）**」**，藉此突顯「對話開頭（引導）的重要性」。

◉鋪陳……進入主題之前的敘述。

◉抓住眼球（吸引注意）……要吸引觀眾（聽眾）的注意，一開始就要說可以抓住眼球的話。

為什麼說話還要注重引導？

主要理由有以下四點：

◆注重引導的四個理由

- **喚醒聽眾大腦，較容易留下印象。**
- **在聽眾最專心的時候抓住他們的心最重要。**
- **一開始就先抓住對方的心，之後就很容易表達想法。**

・**提高對方的期待感。**

沒有鋪陳（引導）的範例

「下次一起去吃飯吧？」

有鋪陳（引導）的範例

「澀谷有一間下午茶套餐很好吃的餐廳，蛋糕就有三到四種，不過不會太甜，真的很美味。三明治也是一絕，而且美食節目也曾報導過。
下次有機會的話，一起去吃吧？」

在 **有鋪陳（引導）的範例** 中，前三行是「鋪陳」。

想約心儀對象出去約會或是和朋友相聚時，前面先做鋪陳可以提高對方的期待感，較容易得到正面回應。

1 說出對方「想聽」的話

演講或簡報時，一定要事先決定好開頭說什麼。

中谷彰宏在《說話高手在眾人面前暢談的祕訣》（鑽石社）中提及：「**演講時只要事先決定好從什麼話題切入，以什麼話題結束即可。知道自己開頭說什麼，就能從容站上講台。若是站上講台才思考要說什麼，眼神就會游移不定，反而無法按照流程順利完成演講。**」

百田尚樹在《雜談力》（PHP研究所）寫道：**「話題的開頭很重要。第一句話就要讓周遭的人『想繼續聽下去』，這才是關鍵。」**

百田也分享了自己開啟話題時最常說的話：**「我們常聽人家說，如果老虎和獅子打架，誰比較強？」**

話說回來，引導時該說什麼話才對？筆者統整了說話專家的意見，結果如下：

適合開頭（引導）說的主題

- **當天發生的小故事**

「我今天來這裡之前，和一位三十多歲的女性擦身而過……」

- **剛從親友那裡聽來的故事**

「昨天朋友告訴我一則故事……」

- **與正題有關的話題**

幽默笑話…事先準備一些可以炒熱現場氣氛的話題。

出乎意料的故事…「出乎意料」的故事較容易讓人記住。

從問題切入…人在被提問的時候，傾向回答問題，因此會對你說的話感興趣。

告白…「不瞞各位，我其實是〇〇。」以有趣的方式引導。

引用名言…引用大家印象深刻的名言。

說對方「想聽」和「感興趣」的話題，這一點很重要。

2 別說「我害怕演講」

說話專家建議，**即使不善言詞也別說「我害怕演講」或是「突然被點到名要出來說話」**這類句子。

因為這些話聽起來像是在找藉口開脫。

◆不要一開口就說這些話

「後輩把前輩放在一邊」

「站在比各位高一階的地方」

「我實在不擅長演講」

「突然被點到名要出來說話」

「（初次見面打招呼）敝公司是創業〇〇的企業」（應先介紹自己而非公司，不過，如果是公司老闆，可從公司開始說起。）

Column

「說話術」書籍的選擇方法

◆以「你想學習的說話方式」為選擇標準

與上一本著作《最高寫作法》一樣，筆者撰寫本書是從搜尋「說話術」書籍開始的。

在亞馬遜網站的「圖書」分類中，輸入關鍵字「寫作法」，跳出超過三千筆搜尋結果，當時還覺得數量好多啊！沒想到這次搜尋「說話術」，竟跳出超過一萬筆書籍。

比想像的還多。

「說話術」書籍的作者有許多身分，包括主播、禮儀講師、心理諮商師、公司經營者、前政治家、文案撰稿人、頂尖業務員、人氣YouTuber等。

切入點也各有千秋，例如「閒聊」、「說明技巧」、「表達方式」、「簡報時的說話方法」等。在這麼多本書中，該怎麼選擇適合自己的作品呢？重點有三個。

・書籍的選擇重點

①釐清自己「想知道在什麼場合如何說話」，依照自己的目的選擇身分適合的作者所寫的書。

②選擇說話方式讓自己喜歡的作者所寫的書。

③如果只是想接觸「說話術」作品，不妨選擇以「閒聊」為主題的書籍。

①釐清自己「想知道在什麼場合如何說話」，依照自己的目的選擇身分適合的作者所寫的書。

誠如筆者在前一本書的專欄所寫，「釐清目的，找出自己想學的說話術，選擇在該領域中名氣較高的作者書籍」，這一點很重要。

如果你想學主播的說話方式，請選主播寫的書。

如果你想在簡報時增加說服力，不妨購買以簡報高手聞名的顧問推出的作品。

如果你想了解說話禮儀，就看禮儀講師執筆的著作。

這條捷徑可以幫你找到想要的「說話術書籍」。

了解作者身分並仔細閱讀作者簡介，以此作為選擇標準即可。

筆者依照作者身分別，統整了部分本書的參考作品，結果如下：

作者		
《傳達力》	池上彰	天下雜誌

說話術教室等機構的經營者		
《成熟大人一定要知道的話術筆記》	櫻井弘（審訂）	永岡書店
《人因說話方式改變九成》 《女人因說話方式改變九成》	福田健	經濟界

公司經營者		
《賺錢公司的溝通鐵則》	小山昇	朝日新聞出版
《解放員工90%潛力的1對1溝通術》	本間浩輔	台灣東販

商業禮儀講師		
《進公司第一年的商業禮儀教科書》	金森TAKAKO（著） 西出HIRO子（審訂）	PRESIDENT社
《不冷場！人氣王的說話秘訣50招》	杉山美奈子（審訂） 伊藤美樹（圖）	三采文化

心理學家、精神科醫生、心理諮商師等		
《男人為何不明察，女人幹嘛不明說》	五百田達成	方舟文化
《成熟大人回嘴的藝術》	片田珠美	大是文化
《傷害別人的說話方式、 受人喜愛的說話方式》	澀谷昌三	WAC
《「收買人心」黑色心理戰術》	內藤誼人	大和書房
《專業諮商師的提問技巧》	東山紘久	創元社
《漫畫版　輕鬆不費力、不著痕跡、 迅速俐落的反駁技巧》	優希有（著） Jam（漫畫）	三笠書房

主播		
《只要一天，連聲音都能變好聽的說話術教科書》	魚住理英	東洋經濟新報社
《說話的力量》	齋藤孝 安住紳一郎	鑽石社
《如何聊進心坎，讓人主動說出心裡話？》	吉田尚記	三采

作家、藝人		
《阿川流傾聽對話術》	阿川佐和子	野人

文案撰寫人		
《文案大師的造句絕學》	佐佐木圭一	大是文化

此外，筆者也看到許多作者撰寫不同主題的書籍，例如「說明技巧」、「提問術」、「閒聊」、「詞彙力」等。

遇到這種情形時，還是要以自己想精進的「說話術」，依照自己可能遇到的場合選擇即可。

②選擇說話方式讓自己喜歡的作者所寫的書

本書的參考書籍中，許多作者都是常上電視節目的名人，例如主播和記者。

如果名人之中有你認為「說話方式淺顯易懂」、「我想學他的說話方式」、「說話風趣」、「說話方式就是充滿說服力」的人，也可以選擇他們寫的書。

有些名人不上電視節目，而是在「YouTube」有自己的頻道。

本書的參考書籍中，不少作者擁有網路頻道，或是參與網路節目的演出。下方表格統整了實際擁有網路頻道，或是參與網路節目演出的作者（部分）。其中若有自己喜歡的「說話術」書籍作者，不妨上網搜尋他們的影片。

有網路頻道的作者（可透過影片了解對方的說話技巧）		
伊藤羊一	鴨頭嘉人	中谷彰宏
魚住理英	佐佐木圭一	三浦崇宏
樺澤紫苑	諏內江美	和田裕美

③如果只是想接觸「說話術」作品，不妨選擇以「閒聊」為主題的書籍

有些人沒有明確目的，只想提升自己的溝通能力，所以想看「說話術」書籍。

有些人愈來愈常在社群網站聊天，很少有機會和別人面對面溝通，對於自己的對話能力感到沒信心。

如果你是這樣的人，不妨選擇可提升「閒聊力」的書籍。事實上，坊間有不少書籍都介紹了具體的閒聊範例。

以下是本書嚴選、有助於提升「閒聊力」的書籍。

可輕鬆閱讀與「閒聊力」有關的書籍，也是很吸引人的地方。

有些書可在網路書店試閱，請從自己喜歡的作品切入。

有助於提升閒聊力的書籍

《最高閒聊法》	五百田達成	方智
《一流、二流、三流的說話術》	桐生稔	商周出版
《提升閒聊力的說話技巧》	齋藤孝	鑽石社
《我一定要跟你聊超過15分鐘》	野口敏	大是文化
《雜談力》	百田尚樹	PHP研究所
《超一流雜談力》 《超一流雜談力　超・實踐篇》	安田正	文響社

Part.3

進一步提高溝通力的「二十個祕訣」

排行榜**第21～40名**

No.21

演說的九成靠「準備」

Point

事先整理想表達的內容

演說家、主播、座談會講師等，許多說話專家都強調「事前準備很重要」。

「做好事前準備，講者上台演說時就能從容自若。一場演說成功與否，九成取決於做好萬全的準備。」（戴爾·卡內基《說話力》／新潮社）

事前準備有以下四大重點：

(1) 整理想表達的內容（論點）

- 統整「對對方有利的資訊」、「對方想了解的資訊」。
- 盡可能收集可以佐證論點的「數字、數據、客觀事實」，藉此提高資訊的精準度。

評論家藤澤晃治在《「淺顯易懂的說明」技巧》（講談社）中指出：**「說明不是單純地提供資訊，必須事先整理、編輯想傳達的資訊，再提供給對方。」**

(2) 製作講稿

- 不是用書寫文字，而是用「說話用語」製作講稿。
- 複誦講稿。等到掌握整體流程，講稿已背至滾瓜爛熟後，再以摘要的方式寫下「題目」、「一定要傳達的資訊」、「關鍵字」等。
- 演講時只要參考「摘要」即可（請參閱第三十三名的解說內容）。

(3) 事先預測「別人可能提出的問題」

- 思考「聽簡報（演講）的人會對哪個部分質疑」，事先準備答案。

(4) 練習演講

- 請別人聽你演講。

……可得到客觀的建議，例如「說話速度太快」、「這個部分改一下比較好」。

- 在實際的會場或類似的地方練習演講。

……練習時要注意聲音大小或視線高低。

- 錄音錄影。

……確認儀態、表情與說話習慣。

- 計時。

……如果超時，請確認「哪些部分可以省略」；如果太快結束，請確認「說話速度是否太快」。

若希望簡報或演講順利成功，一定要花時間準備。**只要做好準備，上場後就不會緊張，腦中也不會一片空白，可以自信從容地說話**。

No.22 完美的人際關係從周到的打招呼禮儀開始

Point

☑ 以開朗宏亮的聲音主動打招呼

人際關係從「打招呼」開始。打招呼開啟了「人心互相連結的機會」，任何人都能輕鬆地與其他人溝通。

筆者統整說話術名著提及的「打招呼的好處」，結果如下：

◆打招呼的主要好處

- **提升對方對你的印象。**
- **讓別人認同你是個有社會常識的人。**
- **給對方信任感、安心感。**
- **滿足對方的認同需求。**

受人喜歡的打招呼基本原則有以下四點：

・打招呼的基本原則

(1) 主動打招呼

不要等別人，先從自己做起，主動向對方打招呼。自己先打招呼，讓對方感受到「我很歡迎你」的態度。

禮儀講師金森TAKAKO曾說：

「打招呼可以打開對方的心，拉近彼此距離。你先打開自己的心，主動靠近對方，這就是打招呼最大的作用。」（《進公司第一年的商業禮儀教科書》／PRESIDENT社）

(2) 面帶笑容、開心地打招呼

打招呼時如果帶著不情願的表情，反而會讓人反感。而且聲音一定要宏亮，面帶笑容（不擅長主動笑的人，可將嘴角上揚，表情看起來更柔和）。

(3) 看著對方的眼睛打招呼

打招呼不看對方的眼睛，會讓對方懷疑「他是不是討厭我」、「他是不是勉強自己對我打招呼」，反而產生不安的感覺。

(4) 打完招呼後再多加一句話

打完招呼後多加一句話，可讓對話更順暢。

例文

「早安。」

⬇（多加一句話）

「早安，昨天做簡報辛苦你了。」

打招呼的基本原則是「面帶笑容，看著對方的眼睛，主動打招呼」。

No.23 任何人都能靠練習成為說話與表達的高手

Point

✔ 尋找範本，模仿對方的說話技巧

想要提升對話力或閒聊力，需要的**不是才華、能力或素質，而是「練習」**。任何人只要勤加練習，都能提升對話力或閒聊力。

身兼明治大學教授與評論家身分的齋藤孝也說：「**『舌粲蓮花與不善言詞是與生俱來的特質，正因如此，培養閒聊力十分困難』——這個想法大錯特錯。閒聊力不是先天的能力。**」（《提升閒聊力的說話技巧》／鑽石社）

筆者從一百本名著中，介紹三個說話專家實踐的練習方法。

◆專家推薦的「練習方法」

(1) 尋找模仿範本

找出你想模仿的範本人物，例如「你想學習的說話方式」、「你喜歡的說話技巧」，認真模仿對方說話時的聲調高低、說話速度和停頓技巧（將重點記錄下來）。

模仿時請務必錄音，方便事後重聽確認。也可以在朋友面前模仿，確認自己的模仿是否到位。

(2) 聽相聲學習

齋藤孝、阿川佐和子與池上彰都是聽相聲學習溝通技巧的說話專家，有「中小企業經營教主」美譽的小山昇也是其中之一。

「重複聽相聲，從中模仿說話技巧，慢慢就能理解聲音大小、換氣方式、停頓與呼吸技巧，自然能對自己的說話方式充滿信心。」（小山昇《賺錢公司的溝通鐵則》／朝日新聞出版）

(3) 學到新話題立刻使用

想成為閒聊高手、會話高手，一定要擴增自己的聊天話題。如果學到新的話題或有趣的句子，不妨立刻說給別人聽。說給別人聽有助於增強記憶，多說幾次就能記住。

一流演說家並非一出生就會說話，而是不斷練習，讓自己成為頂尖人才。

套句聞名全球的自我啟發大師戴爾・卡內基說的話：**「想在眾人面前充滿自信地說話，唯一有效的方法就是不斷練習說話技巧。」**（《說話力》／新潮社）

No.24 利用比喻和舉例讓對方聽懂

Point

以「對方理解的事物」比喻

使用範例比喻或舉例，可讓聽者的腦中浮現具體意象。比喻是以「其他事物相比的表現方式」。

◆比喻和舉例的效果

- **引起興趣。**
- **幫助對方理解。**
- **讓說明更淺顯易懂。**
- **可強調意義。**

「比喻就是『接下來我要說明的事情，跟你知道的那個例子一樣』。」（藤澤晃治《「淺顯易懂的說明」技巧》／講談社）

例文

「對話就是聽者與說者交換語言。」

➡「對話就是傳接球。」

例文

「我家有爺爺奶奶、爸爸媽媽，還有三個小孩。此外，已婚的姊姊一家也跟我們一起住，家裡相當熱鬧。」

➡「我們家就跟漫畫《海螺小姐》一樣。」

（桐生稔《一流、二流、三流的說話術》／商周出版）

在對方「知道B」的前提之下，可以用B來比喻A。

一般事物現象或在對方知識範圍內的事情，都很適合拿來比喻。

例文1

A　B
「汽車 像飛一般地駛過。」

例文2

A　B
「汽車 像馬克斯・維斯塔潘一樣快速駛過。」

例文1 適合說給所有人聽。

例文2 中用來比喻的「馬克斯・維斯塔潘」，是一級方程式賽車手的名字。雖然他在賽車界是頂尖選手，但不代表所有人都知道他。若要用馬克斯・維斯塔潘來比喻，聽者必須「跟說者一樣具備一級方程式賽車的知識」。

No.25 自我揭露「從自己做起」

Point

主動掏心掏肺較容易拉近彼此距離

自我揭露是「向對方透露自己個人資訊（內心、經驗、想法等）」的過程。

自我揭露**有助於讓別人理解「我是什麼樣的人」，較容易與別人更加親密**。

想要建立「這個人值得信賴」、「什麼話我都能跟他說」的信任關係，必須搶先一步自我揭露。

自我揭露具有互惠性。互惠性是一種心理作用，意指「當人感受到別人的善意，就會想回報」。

舉例來說，當一個人暢談自己的興趣，對方也會分享自己的興趣。當一個人聊自己的小孩，對方也會聊自己的小孩。對方自我揭露的深度，取決於自己主動自我揭露到什麼程度。

想打開別人的心，就要先打開自己的心。「我很喜歡吃拉麵，每天吃都不膩」、「我是路痴，一出門就迷路」——像這樣主動揭露資訊，對方也會暢談自己。

自我揭露有以下三大重點：

◆自我揭露的三大重點

(1) 不炫耀自己的功績

炫耀功績等於突顯自己的優勢，容易讓對方感到不舒服。

(2)自曝弱點與失敗經驗

聽到別人的失敗經驗，能讓人感到親近與安心。自曝弱點等於告訴別人「我只是一個凡人」。分享自己的弱點、缺點或失敗經驗，較容易拉近彼此距離。

(3)不說「沉重陰暗的主題」或「無法以說笑帶過的話題」

身兼顧問與作家的安田正與精神科醫生樺澤紫苑，皆提及自我揭露的「深度」。他們認為如果不是推心置腹的交情，應盡量避開「沉重陰暗的主題」。

「讓氣氛變得凝重的私事（離婚或長照等）**，以及無法以說笑帶過的失敗經驗，只會造成反效果。」**（安田正《超一流雜談力　超・實踐篇》／文響社）

「當對方心門緊閉，不妨主動敞開自己的心扉。若認識的時間較長，對方的心門已經敞開，就能更深入地自我揭露。」（樺澤紫苑《最高學以致用法：讓學習發揮最大成果的輸出大全》／春天出版）

No.26 不強迫別人配合自己

Point

☑「說明（理由）＋請託」缺一不可

當你希望別人傾聽你的請求，或是希望對方接受我方的要求，該如何說下去，讓對方接受？

本書參考的一百本暢銷書，有些提及了「議論」、「說服」與「交涉」的方法。說話術名著中介紹的「請託重點」有以下三個：

◆請託重點

(1)「說明（理由）＋請託」缺一不可

拜託別人時一定要說明「你希望別人這麼做的原因」、「你拜託對方的理由」，或是「你煩惱的原因」。

說完理由之後，在對話的最後一定要做出具體結論，例如「可以請你做〇〇〇嗎？」、「我想拜託你〇〇〇」。

「聽的人如果明白你的意思，就會想確認『我該怎麼做？』、『對方想要的是什麼？』。由於這個緣故，在說完想說的話之後，千萬不要忘了『請託』。」（鶴野充茂《聰明解說『一學就會』的祕訣》／三笠書房）

「說完『儘管這件事沒有商量的餘地……』之後，再加一句『但我希望這一次我們可以依照此方針談話』。這句話有助於加強引導對方的心情。」（優希有《漫畫版　輕鬆不費力、不著痕跡、迅速俐落的反駁技巧》／三笠書房）

(2) 自己的希望要有優先順序

若是要求太多，對方很可能直接拒絕。

「如果你什麼都想要，雙方的交涉就不會順利。一定要區分『不退讓的希望』與『可以退讓的希望』，為自己的需求訂定優先順序。」（橋下徹《交涉力》／PHP研究所）

(3) 告訴對方有什麼好處

想提高請託的成功率，不只要說出自己有什麼好處，也要告訴對方，他可以得到什麼好處。

例文

「請立刻購買這項商品。」（自己的好處）

⬇

「如果現在立刻購買這項商品，可以打九折。」（自己的好處＋對方的好處）

「能否清楚說明眼前自身利益的『背後』，其實也存在著對方的利益，這才是關鍵。」（三浦崇宏《言語化力》／SB Creative）

No.27 多說「謝謝」勝過「對不起」

Point

✓ 多說「謝謝」有助於促進人際關係

許多說話專家把「謝謝」列入「促進人際關係的用語」。

「看到能坦然對別人說『謝謝』的人，會覺得對方很親切。因為這樣的人一定是一視同仁，而且毫無芥蒂地接受他人善意，才能自然而然表達感謝之情。」（戶塚隆將《為什麼世界頂尖人士都重視這樣的基本功？》／天下文化）

「多說幾次『謝謝』都不失禮，不僅如此，感謝之情要立刻說出來，無須隱藏。說習慣之後，不只是自己，也能讓周遭的人感到開心。謝謝是一個充滿魔力的詞彙。」（《說話技巧的禮儀與祕訣》／學研）

◆以其他詞彙取代「對不起（不好意思）」

「對不起（不好意思）」具有「謝罪」、「請託（呼喚）」、「感謝」等三種意思。

「對不起」很好用，但另一方面，也很容易讓人分不清楚「你想表達的意思」，換成「謝謝」就能精準表達感謝之意。

精準表達心情（換言之）的例文1

- 對不起（不好意思）**感謝** →「謝謝」
- 對不起（不好意思）**謝罪** →「真的很抱歉」
- 對不起（不好意思）**請託** →「拜託你了」、「打擾一下」

◆感謝的話要完整說完

許多時候我們習慣長話短說，表達謝意的時候也常以「謝啦」帶過。不過，光是短短的「謝啦」，無法正確表達自己的心情。

精準表達心情（換言之）的例文2

「昨天謝啦！」

↓（完整表達感謝之意）

「昨天你幫我做了〇〇，真的十分感謝。」

例文2 完整說出了表達謝意的原因，更能讓對方感受到誠意。

◆人們會支持能說出「感謝」之意的人

隨時抱持感謝之意，勇於說出「謝謝」的人，能獲得許多人的幫助。

「持續成功的人不會忘記對周遭人表達感謝，充分表達內心的謝意是吸引更多人幫助的原因。」（戶田久實《阿德勒教你如何說話被喜歡》／大樂文化）

No.28

詞彙力與表達力成正比

Point

☑ 增加自己使用的詞彙（詞彙量、表現方法）

詞彙力指的是一個人具備的詞彙知識，以及「巧妙使用詞彙的能力」、「換言之的能力」。

詞彙力較高的人可做到以下兩件事：

「因應實際狀況選用適合的詞彙。」

「可以正確且簡潔地表達意見。」

另一方面，若不具備詞彙力，就會不斷重複同一種說法、說出同一種用語，表達技巧顯得生澀。中國文獻學者山口謠司曾說：「當一個人知道的詞彙不足，就會短話長說。」

「若無法想到適合的說法，人會急著將一切說明得更詳細。如此一來，說話量就會增加，說話時間也會變長。（略）由於這個緣故，你很難讓對方明白自己的意思。」（《寫給沒有辭彙力就出社會的人》／WANI BOOKS）

例文

「那部電影的主角擁有很強大的力量。」

⬇（換言之）

「那部電影的主角擁有超越人類智慧的能力。」

(1) 讀書

許多說話專家建議多「讀書」，以提高自己的詞彙力。

「想要增加詞彙力，第一步就是要多讀書、多看文字。（略）**沒有養成閱讀習慣的人，不妨多看平時不看的報章雜誌或書籍，先從簡單易懂**（自己覺得有趣）**的作品看起。」**（和田裕美《和田裕美教你討人喜歡的說話術》／大和書房）

「平時讀愈多書，懂得的詞彙自然豐富多樣。說話時使用的詞彙數量，取決於讀書量是否夠多。」（齋藤孝《十分鐘吸引他人的說話力》／大和書房）

(2) 查字典

無論是看報紙、讀書或與人說話時，如果出現自己不懂的詞彙，請務必查字典。

(3) 做筆記

當你看到或聽到自己覺得很棒、下次也想模仿的表現方式，不妨做筆記好好學習。

「我從出社會開始就養成寫『名言筆記』的習慣，只要遇到自己覺得好的金句名言，就會立刻記錄下來。」（三浦崇宏《言語化力》／SB Creative）

No.29 多說正面的話

Point

以正面詞彙取代負面用語

你選用的詞彙會影響自己給人的印象。

若以正面詞彙取代負面用語，不僅能讓自己的心情變得開朗正向，對方也會積極樂觀，有助於**緩和人際關係**。

若直指「對方寫的企劃哪裡有缺失」，很容易發生口角，對方也會有「遭到否定」的感覺。

不過，若是換個正面的說法，例如「這裡再多下點工夫就能更完美」，對方會覺得你在幫助他，於是坦然接受你的建議。

「不使用『好累』、『好麻煩』等用語，改用『這個案子的難度很高』等說法，將棘手的事情以具有挑戰性的正面詞彙形容，就能讓自己和周遭的人更勇於面對。」（吉原珠央《成為「好想多跟你聊聊」的人的44個方法》／幻冬舍）

「將平時說的負面用語改成正面詞彙，養成這個習慣，通常就能明顯改善溝通氣氛。」（河野英太郎《頂尖人士的職場武器 99%人忽略的1%工作訣竅！》／楓書坊）

「負面」→「正面」的換言之範例

- 「我好忙」➡「我過得很充實」
- 「好麻煩」➡「值得努力去做」
- 「我現在很忙，沒辦法處理」
  ➡「再給我一點時間，我就能處理了」
- 「我討厭夏天」➡「我喜歡冬天」
- 「還要我等多久？」➡「真希望他快點來」
- 「只剩一個小時了」➡「還有一個小時」
- 「都可以」➡「每個我都喜歡」
- 「紅茶也可以」➡「請給我紅茶」
- 「你今天很努力」➡「你今天也很努力」
- 「那個人的品味很差」➡「他有自己的世界」
- 「那個人做什麼事都三分鐘熱度」
  ➡「他可以很快進入各種狀況」
- 「那個人八面玲瓏」➡「他的社交能力很強」
- 「那個人不夠謹慎」➡「他總是從容不迫」

No.30 對不同立場的人一定要表達敬意

Point

對待任何人都要秉持「對等」態度

有些人會因為責任不同、角色不同和立場不同，例如主管與部屬，正式員工、約聘員工和派遣員工，客戶與廠商等，改變彼此的關係距離和相處態度。不過，一個人的職位、頭銜與年齡都不代表彼此之間的上下關係，並非「○○比××偉大」。

對等關係指的是「彼此表示敬意的關係」。

曾經從政的律師橋下徹也認為，在與部屬協議的時候，絕對不可表現出地位高低有別的態度。

「我隨時表現出『與對方對等』的態度，無論年齡高低，即使是部屬，我也會加上『先生／小姐』稱呼對方。無論何時，說話都要保持禮貌。」（《交涉力》／PHP研究所）

心理學家內藤誼人也曾說：

「無論是部屬或年紀較小的晚輩，都要當成『國王』、『公主』對待，部屬才會景仰你。」（《「收買人心」黑色心理戰術》／大和書房）

人都討厭強迫的命令，委託部屬做事時，不要用命令的語氣，要用「確認」的方式。只要「確認」，部屬就能理解主管的要求。

✕錯誤範例 命令、強迫接受

「我也想聽你的意見，我帶你去吃飯。」

○正確範例 提議、確認

「我們一邊吃飯，一邊聽聽你的意見吧，如何？」

✕錯誤範例 命令、強迫接受

「趕快把簡報資料做出來！」

○正確範例 提議、確認

「簡報資料做好了嗎？」

「明天可以完成簡報資料嗎？」

劇作家、劇場導演平田織佐在著作中陳述待人有禮的重要性。

「『快拿去影印』、『快去影印』、『這個，拿去影印』、『麻煩你拿去影印』。

當主管要求部屬影印文件時，你認為上述哪一句比較恰當？（略）**應該是『麻煩你拿去影印』，對吧？無論男女、無論職位高低，都要好好養成在職場上客氣有禮的說話方式。」**（《因為我們不了解彼此》／講談社）

No.31 「做好準備」與「提高音量」有助於克服緊張

Point

萬全的「準備」可以避免緊張

許多人在眾人面前說話，例如做簡報或面試時會感到緊張。話說回來，人為什麼會緊張呢？

專業演說家鴨頭嘉人曾說：「**『緊張』是體內分泌神經傳導物質正腎上腺素，刺激交感神經，導致心跳、血壓和體溫上升顯現出來的反應。」「緊張是你的身體為了讓你在眾人面前說話時表現自然所做的『準備』。**」（《過去沒人教導在眾人面前說話的奧義》／KAMO出版）

其實只要換個想法，認為「緊張不是不好的反應，而是身體能量增加的證明」，就能與緊張和平共存。

話雖如此，若過度緊張，會讓人感到害怕不安，連話都說不清楚。克服緊張有以下兩大重點：

(1) 最重要的就是「準備」（請參閱第二十一名與準備有關的解說內容）

許多說話專家都認為「準備才能不緊張」、「一定要預演」。

準備得愈充分，能讓人愈有自信，就能避免緊張。

既然如此，我們該如何準備呢？

「為了避免在講台上怯場，充分準備是最好的方法。最好準備到讓身體記住該說什麼、何時要說以及該怎麼說的程度。」（卡曼·蓋洛《大家來看賈伯斯：向蘋果的表演大師學簡報》／美商麥格羅希爾）

(2) 大聲說話

入選哈佛大學跨學院必讀書單TOP10的《說理Ⅰ》（傑伊·海因里希斯／天下雜誌）寫道：**「當你感到緊張時，『說話再大聲一點』可有效平穩情緒。只要專注在大聲說話，就能以充滿自信的聲音，有節奏地表達意見。」**

此外，作家中谷彰宏也針對面試寫下自己的意見：**「大聲說出自己的全名就不會怯場。」**（《面試高手　聖經版》／鑽石社）

做好事前準備，當天上場時大聲說話，是克服緊張最有效的方法。

若因緊張感到臉部僵硬，阿川佐和子在《被罵的能力》（文藝春秋）中，介紹了大喊三次「愛媛蜜柑」的方法，值得參考。

「『愛媛蜜柑』這個詞彙用了許多母音。（略）**多說幾次『愛媛蜜柑』，**（略）**嘴角會主動往兩旁延伸，自然形成笑容。」**

事實上，阿川本人經常在上場之前複述「愛媛蜜柑」，讓她在緊張時也能成功展露笑容。

No.32 儀態可改變印象，也能改變說話聲音

Point

☑ 說話時一定要抬頭挺胸

說話時一定要注重儀態。

儀態指的是**身體姿勢、外表**。

維持良好姿勢主要有以下四大好處：

◆維持良好姿勢帶來的四大好處

- **喉嚨深處打開，發音清楚，不沉悶。**
- **視線穩定。**
- **有說服力。**
- **贏得他人信賴。**

「良好姿勢」的基本原則

- 抬頭挺胸。
- 收下巴。
- 注意頭部位置，保持一直線。

「良好姿勢」並非固定不變，在你說話的時候，或是你希望在別人眼中呈現出什麼形象，手腳的擺放位置都不同。

根據《絕對內定2020面試篇》（杉村太郎、熊谷智宏／鑽石社）的內容，「絕對內定站姿四大原則」如下：

1 **抬頭挺胸，視線朝正前方。**
2 **放鬆肩膀的力量。**
3 **腳跟併攏。**
4 **指尖伸直，緊貼大腿外側**（女性可將雙手放在前方，指尖仍要伸直）。

想在面試官心中留下好印象，姿態優雅很重要。

說話技巧私人教練岡本純子在《最高說話術》（春天出版）寫道：「**做簡報時要挺直腰桿，肩膀打開，雙手自然下垂，或是將雙手放在肚臍位置。這是『基本站姿』。**」「**若你想展現堂堂正正、落落大方的態度，請將雙腳打開，與肩同寬，像日本神社前鳥居那樣站立。首先擺出『強而有力』的姿勢，自然能有堅強的內心。**」

反過來說，也有說話時絕對不能擺出的姿勢，請各位務必注意。

◆絕對不能擺出的姿勢

・雙手交疊在骨盆前方→看起來沒有自信。
・抖腳（坐著時）→給人焦躁不安的印象。

No.33 演講和上台發表時要帶著關鍵字小抄

Point

☑ 牢記一開始要說的話就能充滿自信地開口

演講或發表論文時，要事先準備稿子或小抄。尤其是初次上台說話的情形，一定要重複推敲（修改文章）撰寫講稿。

在正式場合演說一定要看稿子，這才是正統的做法。

◆撰寫講稿的好處

- **掌握在限定時間內可說多少話**（一分鐘三百字左右是容易聽懂的字數）
- **若演說時間很短**（五分鐘以內）**，將講稿去蕪存菁更能提升內容的含金量。**
- **即使不看稿，帶著講稿上台比較安心。**
- **可以整理想說的話。**

撰寫講稿或做小抄時，可遵循以下三大重點：

(1) 不要只是照稿唸

請避免上台時照稿唸，也不要硬背講稿，再上台發表演說、做簡報或報告論文。

發表講話的場合是與聽眾溝通的機會。

若是全程毫無抑揚頓挫地照稿唸，就會失去臨場感，聽眾也會失去專注力。若硬背稿子，講者會一味地回想講稿內容，反而沒有多餘心力注意場下聽眾的反應。

(2) 只背開頭也可以

有些說話專家認為「只背開頭也可以」，這是因為開場說得好，就能增加自信，順利說完整場。

(3) 準備寫著關鍵字的小抄

說話專家建議**選出一看到就能想起內容的關鍵字，依照演說順序寫在紙上，當成上台時使用的小抄**。若照著講稿唸，會讓自己的演說變成表現呆板制式的「文字語言」。

只看小抄上的關鍵字當場重組內容，轉換成口語發表出來，聽者較容易理解。

值得注意的是，在還不習慣做簡報或發表演說之前，照稿唸也可以。重點是要撰寫講稿，做好準備。

當作東京大學教養學部輔助教材的《知的技法》（東京大學出版會）中，寫道：「**拿著整理好的講稿唸，就算唸起來不太自然，也比準備不充分，演說時散漫無章來得更有說服力，更能讓聽眾覺得有趣。**」

No.34 牢牢記住對方的名字

Point

☑ 對話期間要多喊對方的名字

無論是職場或私生活，面對初次見面的人，若能記住對方的名字，而且很快喊出口，絕對可以建立良好的人際關係。

當有人稱呼自己的名字，會讓自己覺得「對方很重視我」、「對方很尊重我」，瞬間拉近彼此距離。

人都喜歡別人稱呼自己的名字。與別人說話的時候，若有人稱呼自己的名字，也會在不知不覺間對對方產生好感。

◆記住對方名字的五大好處

- **稱呼名字可以拉近彼此距離。**
- **建立信任關係。**
- **增加人脈。**
- **讓人覺得你的記憶力很好，也有智慧。**
- **提升自己的評價。**

話雖如此，要記住初次見面的人的名字，是一件很難的事情。說話專家推薦四個「記住名字」的祕訣，提供給各位參考。

(1) 說出對方的名字

在自我介紹的時候親口說出對方的名字，利用眼睛和嘴巴雙重確認。

例文

對方：「您好，初次見面，我是○○建設的鈴木。」

自己：「初次見面，我是△△的吉田。鈴木先生，您好。」

(2) 對話時多喊對方的名字

知道對方的名字之後，在對話期間可多喊幾次對方的名字。

如果可以，「至少喊三次」，較容易留下深刻印象（「自我介紹的時候」、「提問的時候」、「說再見的時候」）。

(3)在名片背後寫下對方的特徵

如果你是上班族，拿到對方名片後，可在名片背面寫下對方的臉部特徵，對話時令人印象深刻的事情，之後較容易回想起來。

(4)透過意象訓練記住對方

與對方告別之後，可透過意象訓練（Image Training）結合姓名與長相，加強記憶。

No.35 講電話也要「面帶笑容」

Point

☑ 打電話之前要準備好「說話內容」

由於打電話無法看到對方的臉，聲音和用字遣詞決定了你給別人的印象。

打電話時如何透過說話技巧給人好印象？重點有以下四個：

(1) 帶著笑容說話

即使只靠聲音溝通，臉上的表情也會感染對方。茶道家鹽月彌榮子在《優雅的說話技巧》（光文社）中表示：「（在電話中是）**嘴巴與嘴巴的溝通，就連彼此的呼吸聲都聽得見，比見面談話還要親密。由於這個緣故，行為舉止都要像面對面聊天一樣才行。**」

不只是市內電話，打手機通話或透過社群軟體聊天時，也要展現開朗直率的態度。

(2) 打電話前先想好要「說什麼」

打電話時**盡可能簡單扼要、簡潔精準地將自己想說的話告訴對方**。如果想說的話太多，請事先寫好筆記，記下重點。

不喜歡打電話的人，最好事先確認對方的資訊、打電話的場所與時間，做好萬全準備比較安心。

《進公司第一年的商業禮儀教科書》（金森TAKAKO／ PRESIDENT社）寫道：「**剛開始可能會緊張，但只要做好準備，就能應對自如。**」

◆打電話前應先確認的事情

- **對手的資訊**……電話號碼、公司與部門名稱、名字唸法等。
- **想說（想問）的內容**……如有必要，應準備好相關資料。
- **打電話的場所與時間**……確認對方所在的地方或現在是否適合打電話。

(3) 語尾要發音清楚

打電話時要清楚說出每一個字，用字遣詞也要客氣，明確表達自己想說的話。

此時**要特別注意語尾發音**，肯定或否定的意思也要清楚表明。

(4) 掛電話時要慢一點

不要啪地掛上電話，應該慢慢來。

LIVIUM禮儀學校負責人諏內江美在《教養是一生的武器》（漫遊者文化）中提及：「**無論多急，掛電話之前都要說一句『我還有事要處理，容我先掛電話』。**」

No.36 重點要再三強調

Point

簡短重複想說的話

說話專家建議「重要的話（想說的事情）要重複說（複述、再三強調）」。

複述時要遵守以下兩大重點：

(1) 只複述重點

文案撰稿人佐佐木圭一在《只靠靈感，永遠寫不出好文案！》（如果出版）中介紹他的表達法祕方時，提出了「重複法」。**「重複可讓對方印象深刻，只要重複最想讓對方知道的事即可。重複法很有效，是瞬間就能完成的祕方。」**

◆重複重點的好處

- **讓對方印象深刻。**
- **打造說話節奏，讓對方容易理解。**

重複重點的順序是：先決定**「想說的話」，化成「簡單扼要的語言」，最後「重複強調」**。

例文

「I have a dream～. I have a dream～.」
……美國牧師小馬丁・路德・金恩（Martin Luther King, Jr.）最有名的演講，不斷重複「我有一個夢」。

「我們絕對不能忘記，日本人在大地震的絕望中展現的崇高精神。我們絕對不能忘記，～」
……這是二〇一一年東日本大地震後，被選為日本首相的野田佳彥發表的就職演說。

「戰鬥、戰鬥、戰鬥！」
……前摔角選手濱口平吾在場上奮戰時的呼喊聲。

(2) 真正重要的事「一有機會就說」

話說回來，想說的話究竟該重複幾次呢？

若是簡報或演講場合，至少重複兩到三次。若是在一般公司，高層要對員工傳達重要事項，則要「一有機會就說」。

小山昇在《賺錢公司的溝通鐵則》（朝日新聞出版）中說道：「**同一件事重複傳達六次，**（略）**只能讓對方明白整體的六成。**」

No.37 利用站位、坐位與距離改變現場氣氛

Point

✓ 不同的說話場合、目的和彼此關係，都有不同的適當位置與距離

說話時要注意自己與對方的位置和距離，因為**位置和距離會影響現場氣氛**。

說話時的位置關係主要分成三種。

說話時的位置關係

①正面……一般稱為「對決位置」。可營造緊張氣氛，一般常用於商務場合。

②斜角……L字形（90度）的位置給人親近感，適合日常生活與訪談。職場上若想拉近與客戶之間的距離，可以採取斜角位置。

③相鄰……一般稱為「交流位置」。讓人感覺親近，營造出「我和你站在一起」的感覺。通常用在跑業務的時候。

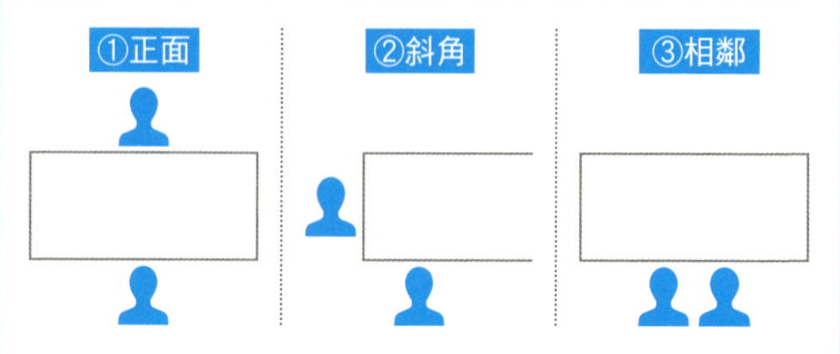

自由播報員魚住理英在《只要一天，連聲音都能變好聽的說話術教科書》（東洋經濟新報社）中說道：「**坐的位置可改變現場氣氛。**」並建議「**說話時可依照自己與對方的親疏遠近，改變坐的位置**」。

說話時要注意自己與對方的距離。

關係愈融洽，距離愈近。

既然如此，與別人說話時該保持多少距離最適當？身兼作家與顧問身分的福田健，以長度為例，發表自己的意見。「**與身邊的人之間屬於『親密距離』，可以維持伸出手臂到指尖的距離。**」「**面對第一次見面的人，以一公尺為宜。**」（《人因說話方式改變九成》／經濟界）

溝通講師杉山美奈子審訂的《不冷場！人氣王的說話秘訣50招》（三采）中，具體建議了最適合的距離。

「**戀人之間的親密距離……14～45cm**

朋友之間的說話距離……45～120cm

想提升與對方的親密度時……70～120cm以內」

距離太近容易讓人緊張，距離太遠又令人覺得冷淡。**依照對象維持適合的距離**，就能輕鬆自在地說話。

No.38 告別時說的話讓人留下好印象

Point

✔ 告別時若能留下好印象，會讓人想再見到你。

做簡報或跑業務時，在向對方告別之際若能留下好印象，對方就會想再見到你，或想再和你說話。彼此之間的關係就是這樣累積出來的。

為什麼告別時的印象這麼重要？

桐生稔在《一流、二流、三流的說話術》（商周出版）中提到「時近效應」（recency effect），還說明了理由。

「時近效應是美國心理學家諾曼・亨利・安德森（Norman Henry Anderson）**所提倡，**（略）**意指『人很容易受到最後得到的資訊影響』。**（略）**最後事件給予的印象也會深深影響後來的事情發展。」**

此外，鹽月彌榮子在《優雅的說話技巧》（光文社）中寫道：**「離別之語是再會的焦點。」**

離別時告知對方想知道的資訊，可以加強印象。

×錯誤範例

「我今天很開心，謝謝你，再見。」

○正確範例1

「田中先生，我今天很開心，謝謝你。我們下次再見嘍！」

○正確範例2

「田中先生，我今天很開心，謝謝你。對了，你剛剛說你喜歡喝紅酒，神樂坂有一家餐廳，紅酒很好喝。下次一起去吧？」

錯誤範例 雖然表達感謝，但最後只說「再見」，給人冷漠的印象。

正確範例1 說了對方的名字「田中先生」。誠如筆者在第三十四名介紹的，稱呼對方的名字可以留下好印象。此外，最後又加了一句「我們下次再見嘍！」，有助於下次再見面。

正確範例2 除了上述內容，還告訴對方「神樂坂有一家餐廳，紅酒很好喝」，提供對方感興趣的資訊。

不要輕忽與別人說再見的場合，有助於創造下次再會的契機。

No.39 拒絕時應果決明快

Point

✓ 拒絕別人的請求時絕對不能模稜兩可

想拒絕工作上的請求或私底下的邀約，一定要果決明快，明確表示「拒絕之意」。即使擔心拒絕會觸怒對方或是讓對方受傷，也不能給出模稜兩可的答案。

為什麼不能給出模稜兩可的答案？原因在於模稜兩可的答案「讓人焦躁」、「讓人不知所措」、「讓人抱持期待」、「讓人受傷」、「讓你們永遠無法了解彼此」。

不過，錯誤的拒絕方法也可能破壞之後的人際關係。既然如此，我們該如何拒絕別人的請求和邀約呢？

拒絕的基本之道

- 早點拒絕。
- 加上一句「對不起」。
- 不敷衍帶過拒絕的理由。
- 說明原因時不說謊。
- 明快地拒絕（不說「如果可以我也想做」、「我其實真的想去」等多餘藉口）。

樺澤紫苑在《最高學以致用法：讓學習發揮最大成果的輸出大全》（春天出版）中，建議利用**「拒絕公式＝謝罪**（感謝）**＋理由＋拒絕＋替代方案」**，避免與別人發生口角。

拒絕公式　例文

「很抱歉（謝罪），謝謝你選我加入那項企劃（感謝）。但我今天要接送孩子去補習班（理由），沒辦法接下你提出的任務（拒絕）。但如果可以延至明天中午以前，我就可以處理了。您覺得如何（替代方案）？」

諏內江美在《教養是一生的武器》（漫遊者文化）中說道：「**婉拒對方邀約最能看出一個人的品格。**」不僅如此，還介紹了有品格的拒絕技巧：「**感謝＋真是不巧＋理由＋道歉。**」

有品格的拒絕技巧　例文

「哎呀！你們約我，我真開心，謝謝（感謝）。但真是不巧，我必須去學校參加家長會議（理由）。你們特地來約我，我真是過意不去（道歉）。下次有機會，一定要再約我哦！」

No. 40 戒掉「那個……」、「欸」等用語

Point

✓ 想說「那個……」、「欸」的時候就閉上嘴巴

我們說話時總是很容易脫口說出「那個……」、「欸」，以這個方式串起接下來要說的話。

第四十名就是「戒掉『那個……』、『欸』等用語」。

這些串聯上下文的詞彙稱為「中繼用語」、「創造留白的詞彙（在兩句話之間創造停頓點）」。

為什麼最好不要用這類詞彙呢？

主播安住紳一郎曾說：「**在一般狀況下，如果一個人一直說『什麼？』、『那個……』、『哎呀！』」，會給人『無法做決定』、『想法混亂』的感覺。**」（《說話的力量》／鑽石社）

同為主播的魚住理英則舉出了中繼用語的缺點：「**當一個人說出『什麼？』、『那個……』、『欸』等感動詞，或許當事者不這麼覺得，但聽的人會感覺很多餘、很『礙耳』。**」《只要一天，連聲音都能變好聽的說話術教科書》（東洋經濟新報社）

說話術名著也提及一般人很容易脫口而出的中繼用語，統整如下：

◆容易脫口而出的中繼用語

「什麼？」、「那個……」、「欸」、「哎呀！」、「總覺得……」、「呃……」、「等等……」、「然後」、「其實」

一般人都是下意識說出中繼用語，他們自己也很難察覺。將中繼用語當成口頭禪的人，很可能頻繁說出「那個……」、「欸」。該怎麼做才能改掉這個習慣？

說話專家給予以下建議，幫助各位不再說出「那個……」、「欸」等用語。

不再說出「那個……」、「欸」的方法

- 練習在眾人面前說話的情景，請別人聆聽，給予建議。
- 以錄音或錄影的方式錄下自己說話的聲音和樣子，自行重複聆聽和觀賞，修正說話習慣。
- 發現自己要說「欸」的時候就閉上嘴巴。
- 準備一些可以取代「欸」的用詞，例如「哎呀！」、「然後」、「言歸正傳」等。
- 確定自己要說什麼。
- 停頓一下。

Column

「不善言詞」的人暴增？這個時代更需要磨練「表達力」

從面對面到打電話、發電子郵件或利用社群軟體談事情，後來還出現了線上會議。隨著商業型態迅速發展，人們的溝通方式逐漸演變。

日本文化廳進行的《國語相關民意調查》（調查時間：二〇一三年三月）是以溝通方式的變化為主題，結果令人玩味。

國語相關民意調查

- 「和別人說話的時候，曾經發生過對方聽不懂我想說的意思。」……63.4%
- 「和別人說話的時候，曾經發生過自己誤會了對方想說的意思。」……66.5%

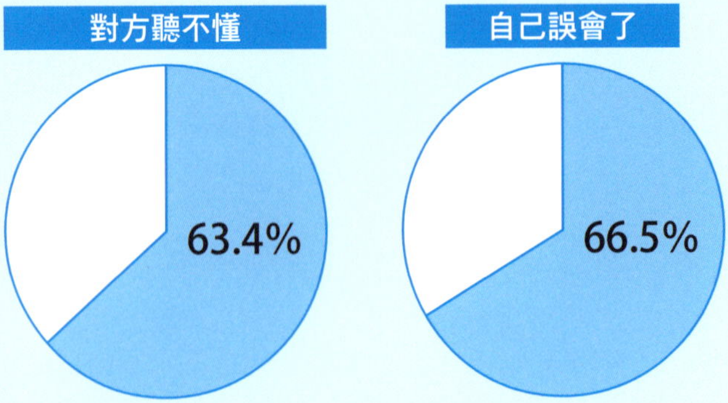

根據調查結果，日本文化廳的結論是「隨著電子郵件等非面對面型態的資訊工具普及，愈來愈多人不喜歡面對面的溝通方式」。

換句話說，社交軟體與電子郵件的普及，使得以下類型的人愈來愈多：

・不喜歡傳統的溝通方式。

・說話沒有自信，不善於表達自我意見的人。

・無法決定優先順序說重點的人。

對話溝通是建立良好人關係不可或缺的要件。

不僅如此，受到疫情影響，大家都很注重社交距離，許多公司採取居家辦公，使得面對面溝通的機會愈來愈少。**由於這個緣故，難得有機會面對面溝通，大家一定會更加追求溝通品質。**

本書是以「正確傳達自己想說的話」為主軸，但反過來說，只要提升這方面的能力，就能「正確解讀對方的意思」。

建議各位務必充分活用本書，不只能消弭對話時的誤解，也能透過溝通建立更好的關係。

附錄

依照不同場合活用「一百本說話術暢銷書」的重點！

在前文頁面中，筆者從「說話術」、「表達技巧」暢銷書嚴選出重點，介紹給大家。筆者的排行順序是根據名著內容，具有充分的說服力，但有些讀者還是覺得「一對一的對話與在眾人面前做簡報」、「面對面的會議與線上會議」適合運用的重點應該是不一樣的，因此不清楚該如何運用本書介紹的內容。

為了幫各位釋疑，本書依照不同場合統整了有用的項目，提供給各位參考。

1 與初次見面或交情較淺的人見面適合閒聊

2 一對一的報告、聯絡、商量

3 一對一對話（訪談），透過溝通加深彼此關係

4 一對一說服與談判

5 對眾人做簡報或演說

6 透過線上或電話對話

7 與輩分較高、較低，以及年齡有些差距的人對話

8 稱讚或責罵小孩

1 與初次見面或交情較淺的人見面適合閒聊

★建議參考的五大重點★

No.22	完美的人際關係從周到的打招呼禮儀開始
No.34	牢牢記住對方的名字
No.5	善用「保證有趣的話題」維持閒聊熱度
No.12	帶著笑容說話
No.38	告別時說的話讓人留下好印象

參加聯誼、派對、活動，或是遇到破冰（舒緩第一次見面的緊張感）的機會等，與幾乎不熟或根本不親近的人說話時，一定要注意以上五大重點。

當你處於上述情境，重點不在於當下的關係，而是之後的發展。總而言之，此時對話的起點是以未來發展為主。有鑑於此，筆者遴選出有助於彼此留下好印象，又能創造下次見面機會的說話技巧。

若要在以上場合直接談論主題，不妨搭配其他情境的重點靈活運用。

以上五大重點也很適合用在臨時打招呼、搭電梯或在辦公室偶遇這類情形，不妨多加運用。

2 一對一的報告、聯絡、商量

★建議參考的五大重點★

No.2	「表達順序」決定「表達方式」
No.8	說話內容要具體
No.11	想說的話「愈短愈好」
No.19	說重點更能有效表達
No.36	重點要再三強調

商務場合中的對話，最重要的是「精準無誤地將自己的想法傳給對方」。因此，筆者遴選出五個有助於「簡單扼要說明想法」與「正確表達」的重點。

像這樣條列式的說明，各位一定會覺得這很正常。但在商務場合中，經常發生因為沒有掌握以上重點，導致對方不易理解，產生誤會的情形。

×錯誤範例

「關於上次開會您指出的問題，確認之後發現是新的標籤有缺失，已經重新訂購。無奈製造商也很忙，可能無法準時交件，對方希望在交貨期先出可以交貨的數量，剩下的部分就是有多少交多少。您覺得這樣的方式可以嗎？」

以口頭報告來說，上述內容完全沒提及主題是什麼，也不知道哪裡出了問題，何時可以拿到多少標籤，剩下還有多少標籤會隨時交貨等，讓人搞不清楚具體內容。

依照前方列舉的五大重點，應該說清楚的內容如下：

- **一開始就要提及「交貨事宜」。**
- **具體說明「訂購一百個」、「下個月十日交貨」等內容。**
- **為文章區分段落，簡單扼要地說明。**
- **省略多餘資訊。**
- **即使主管已經知道有缺失的地方、訂購數量、交期等內容，也要重點式地說明。**

○正確範例

「在上一週的定期會議，您曾提到新標籤的交貨議題。目前還在試作階段，尚未決定固定標籤的款式。
我們已經請廠商趕工了，但這個月很難全部交貨。
我們訂購的一百個中，有一半這個月可交，剩下的一半下個月十日交貨，不知您是否同意？」

口頭報告很容易過於冗長，對方也難以理解。不妨事先整理好要報告的內容，才能提升溝通效率。

3 一對一對話（訪談），透過溝通加深彼此關係

★建議參考的五大重點★

No.37	利用站位、坐位與距離改變現場氣氛
No.1	對話時以「對方」為中心
No.4	提出「好問題」讓對話更順暢
No.9	「附和」與「點頭」是「同感」的表現
No.18	不打斷對方的話

當你想仔細聆聽對方說的話，「坐的位置」是最好的助攻手。只想聽必要資訊時，「對決位置」的效果最顯著；若想聽對方的真心話、想和對方真心交流，「對決位置」會使對方感到警戒，無法敞開心扉。此時應選擇「L字形」或「交流位置」。

除了第一個之外，其他四個重點都是讓對方更放心說話的行為舉止。執行的時候千萬不能刻意，但事先想好自己要提出的問題，仔細聆聽對方說的話，讓話題更加深入，對方自然能敞開心胸，說出真心話。

此外，雖然沒列入這次的五大重點，但如果遇到對方不願開口的情形，不妨參考**「第二十五名自我揭露『從自己做起』」**的內容，效果也很好。

4 一對一說服與談判

★建議參考的五大重點★

No.7	**看著對方的眼睛**
No.15	**以「簡單」、「溫暖」的話語表達自己的想法**
No.26	**不強迫別人配合自己**
No.29	**多說正面的話**
No.32	**儀態可改變印象，也能改變說話聲音**

說服與談判時的氣氛和事態發展，會因為內容以及與對方的關係遠近，產生很大影響。

有鑑於此，筆者嚴選出上述五個重點，當你希望別人相信你的話，希望別人接受你提的條件，不妨靈活運用。

換句話說，上述重點是透過溝通建立信任關係的助力。一般認為言行一致的人、了解別人的立場與狀況才說話的人、以精準無誤的詞彙解說事情的人，以及在說服與談判的過程中創造積極未來的人，都比善於解說的人，具有更高超的說服力與談判力。

此外，**「第三十九名拒絕時應果決明快」**也有助於獲得談判對象的信任。

5 對眾人做簡報或演說

簡報內容★建議參考的五大重點★

No.8	說話內容要具體
No.19	說重點更能有效表達
No.20	對話與簡報的關鍵在於「引導」
No.21	演說的九成靠「準備」
No.33	演講和上台發表時要帶著關鍵字小抄

簡報時的說話技巧★建議參考的五大重點★

No.3	說話應張弛有度
No.7	看著對方的眼睛
No.17	加上動作和手勢
No.32	儀態可改變印象，也能改變說話聲音
No.31	「做好準備」與「提高音量」有助於克服緊張

此處以簡報、演說或面試等，面對多數人的公共場合（包含實際面對與線上會議等）為前提情境。從說話的內容層面與說話時的表現層面，各嚴選五大重點。

無論從哪個層面來看，都能看出準備很重要。

說話內容要好好統整，鎖定重點，必須言之有物。依序從開頭引導等各段落嚴選出關鍵字，寫成小抄。做好萬全準備並勤加練習，就不會感到過度緊張或偏離主題，可以充滿自信地站上講台。

「各階段的準備該做到何種程度，正式上場時才能侃侃而談？」——從這個觀點徹底做好準備即可。

此外，受到疫情影響，近來有愈來愈多公司採取線上簡報、演說或面試等型態，做好萬全準備才能因應網路環境（網路連接和器材狀況等），避免不知所措。

另一方面，雖然沒有列入五大重點之中，但**「第二十三名任何人都能靠練習成為說話與表達高手」**是各種場合皆適用的重要前提。

無論是知名簡報手、傳說演講家、人氣主播與評論家，都是累積無數經驗，克服失敗，成為說話專家。

做好十足準備與練習，磨練自己的簡報力、演說力與面試力。

6 透過線上或電話對話

★建議參考的五大重點★

No.3	說話應張弛有度
No.7	看著對方的眼睛
No.11	想說的話「愈短愈好」
No.18	不打斷對方的話
No.35	講電話也要「面帶笑容」

這兩三年線上對話的機會愈來愈多，這一節統整的是適合線上的說話祕訣。

線上對話很難表達自己的想法、熱忱與情緒，為了改善這一點，筆者才選出第三名「說話應張弛有度」與第七名「看著對方的眼睛」。說話時抑揚頓挫，最後一個字也要清楚說出來，就能表現文字無法傳遞的想法。

此外，若電腦螢幕與網路相機有些距離，會議期間很可能無法與對方四目相對。此時應刻意看著相機，製造四目相對的機會，就能讓對方感到安心。

第十一名「想說的話『愈短愈好』」與第十八名「不打斷對方的話」，是為了改善線上對話不容易互相應和的缺點，才選出的重點。

說話顧問矢野香解說表達法的重點時，提到了「長話短說」這個祕訣。

「一件事講太長，聽的人會搞不清楚來龍去脈。建議將自己說話的內容錄音或錄影，確認一件事要用幾個字說明。最容易讓人理解的字數是五十字左右。」（《線上表達技巧的不同之處》／昴舍）

線上對話很難「留白」，即使說話時刻意停頓，也很容易與對方同時開口。或是有人想表達意見，其他人卻說個不停。

建議長話短說，比平時更勤於確認對方的反應，才能避免自己一個人說得滔滔不絕，別人無法表達意見的窘境。

最後的重點是「講電話也要『面帶笑容』」。不只是鏡頭開著時要笑，即使沒打開鏡頭，說話者的表情會感染聲音情緒，傳達給對方。

當對方不在眼前，難免會感到鬆懈，變得面無表情。線上對話時，請務必多帶點表情。

7 與輩分較高、較低，以及年齡有些差距的人對話

★建議參考的五大重點★

No.22	完美的人際關係從周到的打招呼禮儀開始
No.30	對不同立場的人一定要表達敬意
No.13	可以責罵但不能怒罵
No.14	與輩分較高的人說話應保持客氣的態度
No.18	不打斷對方的話

與不同立場或年齡差距較大的人說話時，一定要特別小心，避免讓對方感到不快。

這麼做的原因在於兩者價值觀不同。有時明明想稱讚，說出來的話卻讓對方不開心或變成騷擾，這樣的例子屢見不鮮。

雖說兩者難以溝通，但與不同立場或年齡差距較大的人交流，可以累積彼此的人生經驗，有助於成長。因此，本節聚焦於原本關係不深，與不同立場或年齡差距較大的人溝通的基本原則。

說話術與表達技巧等溝通工具是建立關係的第一步。

不要想得太天真，以為「對這樣的人只要這麼說話就好」，一定要客氣地溝通，多溝通幾次，關係才能更深厚。

8 稱讚或責罵小孩

★建議參考的五大重點★

No.6	「讚美」是人際關係的潤滑劑
No.13	可以責罵但不能怒罵
No.3	說話應張弛有度
No.7	看著對方的眼睛
No.15	以「簡單」、「溫暖」的話語表達自己的想法

許多人都很煩惱該如何稱讚或責罵別人，比起職場，日常生活遇到稱讚或責罵的情景，更讓人不知該如何因應。許多名著都介紹了讚美和責罵孩子最適宜的方法。

讚美內容（責罵內容）與讚美（責罵）時的聲音，基本上和成年人一樣，若能加上理由或重視過程，效果最好。不過，當對象是孩子的時候，第三名、第七名、第十五名介紹的行為舉止或表達方式，一定要比對成年人的態度更謹慎、更小心才行。

以「視線高低」為例。成年人與小孩說話時，無論站著或坐著，大致上都是成年人俯視小孩。往下看的視線會給小孩極大的壓迫感，這是成年人想像不到的感受，一定要特別注意。

另一方面，若對方是年紀較小的孩子，一定要放慢說話速度，讓對方聽得懂。用字遣詞也要溫和，不可嚴厲。對話時以「對方」為中心是最大的原則。

結語①

「話如其人」

藤吉豐

我投入出版業約三十年，是一位作家，也是一位編輯。在文字大海悠游這麼多年，我強烈感受到「文（文章）如其人」。

文章充分展現出寫手的思想和品格。

大家常說「言者身之文」。我們可以從一個人的用字遣詞，看出對方的人格、品位、內心狀態與生活。

俗話也說「言者心之聲」。一個人心裡想什麼，會自然表現在自己說的話。

舉例來說，當嬰兒在電車裡哭泣，有些人會說：「吵死了，不要哭！不要帶嬰兒坐大眾運輸工具，孩子哭了，父母就要哄啊！快下車！」

也有人認為：「嬰兒本來就會哭，社會不能敵視小孩，我們應該要打造所有人一起養育幼兒的社會。」

「嬰兒在電車裡哭」是客觀事實，但每個人的解讀和接受方式都不一樣。現場目擊者（發言者）的心態、內在和人生觀，是決定事實價值的關鍵。

選擇什麼樣的詞彙、做什麼樣的表現、表達什麼樣的想法……以上皆因人而異。

焦躁不安的人說的話較具攻擊性，內心安詳的人說的話較為平和。

若用「畜生」、「笨蛋」、「白痴」等詞彙辱罵別人，無論你的主張多正確、多符合邏輯，都不會有人接受。

筆者的前一本書《最高寫作法》（春天出版）中，第二十六名是「平時就要充實自己的內心」。

一個人的思考、思想與個性等人性特質，會自然地反映在自己寫的文章裡。由於這個緣故，寫作專家才會建議「充實自己的內心」。

我讀完一百本說話術名著後，發現「雖然對話與文章、說話與書寫的溝通方式不同，但本質上都是為了『表達意見』，這一點是相同的」。

重點在於充實內在。

一百本說話術名著中，有一段話最令我印象深刻。

那是茶道家鹽月彌榮子說的話：

「說到底就是『話如其人』，充分表現溫暖品格的體貼話語才能打動人心。」（《優雅的說話技巧》／光文社）

並非學會說話技巧就能立刻侃侃而談，想打動聽者的心，不在於話術，而是人品。

鹽月彌榮子教導我們，想要提升說話技巧，以下三點很重要：

「行為舉止坦然直率」

「真心相待」

「為對方著想」

對話也和文章一樣「如其人」。

擁有一顆親切、善良、溫暖的心，即使說出來的話顯得生澀，也能吸引聽者注意。

相反的，完全不在乎別人的人，無論話術多麼巧妙，到最後還是一個人。

借前朝日新聞記者辰濃和男的一句話：

「最後看的還是『內在』的深度。」（《文章的鍾鍊法》／岩波書店）

我們的內心在每天的生活中都會產生微妙變化，這些變化創造了「自己的語言」。所謂微妙變化包括：

「看到什麼會笑？看到什麼會哭？看到什麼會歡喜？看到什麼會生氣？」

「學習什麼？知道什麼？發現什麼？在想什麼？」

「喜歡什麼？討厭什麼？」

「只要充實內心，對於事物的看法就會改變，用字遣詞也會改變，說話方式跟著不同，重要的是，生存之道和以前不一樣了……」

這就是一百本說話術名著教會我的事。

改變說話方式可讓自己的內在變得更好。

修正自己說話習慣的過程，等於是在檢視自己的內心。

衷心希望本書有助於各位精練用字遣詞、加強對話技巧，以及提升內心狀態。

結語②

「別擔心，你一定會成為說話高手」

小川真理子

過去三十年我以寫作為生。

簡單一句話形容我的工作就是「聆聽（採訪）與書寫」。

二十多歲時，我是任職於編輯製作公司的外派寫手。我很喜歡「書寫」，不擅長「採訪」。或許是因為我的提問方式太糟糕，還曾經發生過採訪到一半，採訪對象直接走人的窘境。

當時真的深受打擊，不禁懷疑我是否適合當寫手？

不瞞各位，我從小就很內向害羞，只要站在眾人面前，或是遇到第一次見面的人，腦中就會一片空白。

幸好長大之後，怯場的情形稍有改善，但即使出了社會，有些事還是學不來。

我也曾經想過，當初選擇寫作為業是否太過衝動。

話說回來，我當時在一個專案接著一個專案忙不完的熱門公司任職，沒時間停下來。於是我每天都在煩惱自己不擅長提問的情形下，執行採訪工作，陸續寫完一篇篇稿子。

有一天，公司前輩告訴我：「只要做好充分準備，你就不會害怕採訪。」

從那之後，只要時間許可，每次採訪之前我都會搜尋與採訪對象和主題有關的資料。結果確實如前輩所說，準備得愈充分，我愈不感到害怕。

本書集結了說話專家的睿智之言，以我個人經驗來說，若要從中列出一個最有效的說話祕訣，那就是「準備」（第二十一名）。

從外派採訪寫稿到現在過了三十年，我已經敢在文道（二〇一八年與藤吉共同創業的「傳授與文章相關所有事物的」公司）舉辦的寫作講座中，以講師的身分站在學員面前授課。

二十多歲時採訪對象中途離開，讓我差點哭出來。如果可能，現在的我想對當時的我說：

「別擔心，你一定會成為說話高手。」

購買本書的讀者，如果你也和我年輕時一樣不善言詞，我想將這句話送給你。

◆「說話」是一件快樂的事情

文道的寫作講座也有採訪技巧課程。講座最熱鬧的時候，就是讓學員們彼此採訪的實習時間。每到採訪實習課，課堂上就嘰嘰喳喳，好不熱鬧。

聽話的人有時候不說話，面帶笑容聆聽。

說話的人則開心地回答問題。

看到這樣的情景，我忍不住想著，「說話」真是一件快樂的事情。

不只是職場，「說話」也是日常生活不可或缺的一環。只要會說話，尋常日子也能變得精采。

若說人生是日常生活日積月累而成，懂得說話能讓人生更加快樂。

齋藤茂太在《一句話改變人生》（春光）的序中如此寫道：

「以我個人的經驗來說，回首時能不能立刻說出『我很快樂』，是我判斷人生是否成功的關鍵。」

我閱讀說話術暢銷書有一個感想，那就是「世上有許多說話訣竅」，不少書籍就強調「點頭技巧很重要」。

話說回來，每位說話專家都有自己的祕訣，他們在著作裡介紹了自己在意的重點。我將這些重點遴選出來，統合在本書中。

選擇自己「做得到」的祕訣，一個兩個都可以，身體力行改變自己的說話方式，達到「讓對話更愉快」、「有助於工作推展」、「進一步享受人生」等目標。

衷心感謝各位讀到最後一頁。

本書參考的一百本名著

本書收集並調查了滿足下列所有條件的書籍。

・以「說話術」、「表達技巧」等以口頭為主的溝通型態為題材的書籍。

・「平成元年（一九八九年）以後」出版的紙本書和在電子媒體刊登的電子書。因為「符合時代需求的日語」也可能隨著時代改變。

・「暢銷」與「長銷」書。根據銷售數量與書籍評價遴選，以統整出更多人能接受的原則。

不過，即使沒有滿足上述條件，也會根據書籍影響力的大小，審核以下作品：

・昭和以前出版的書籍，平成元年以後仍被公認為暢銷書與長銷書，躋身「年度暢銷書」排行榜的書籍。平成元年以後推出修訂版的書籍。

・新冠疫情爆發以後暴增的線上溝通相關書籍。

・與留名青史的辯論家（西塞羅、亞里斯多德等）、知名演說家（歐巴馬等）有關的書籍。

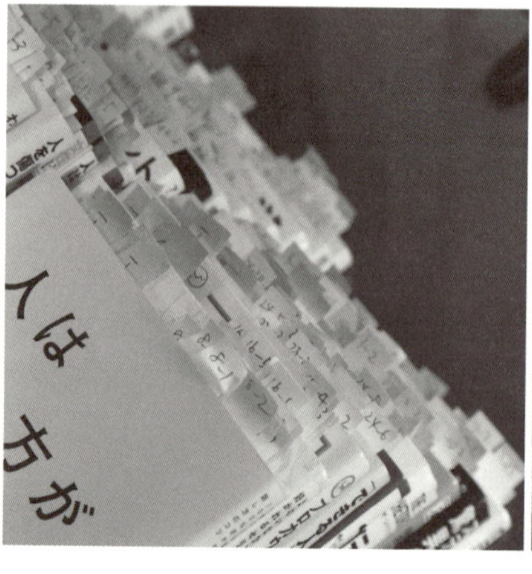

書籍清單（排序無關先後）

1《極簡溝通》伊藤羊一／平安文化
2《傳達力：以說、寫、聽的能力，翻轉工作》池上彰／天下雜誌
3《一句話，好感度暴增、反感度爆表！》五百田達成／三采
4《解放員工90%潛力的1對1溝通術》本間浩輔／台灣東販
5《這樣說話，讓你更得人疼》大野萌子／平安文化
6《一流、二流、三流的說話術》桐生稔／商周出版
7《共感對話：1分鐘讓人喜歡的對話術》永松茂久／三采
8《優雅的說話技巧　讓對方有好感、充分發揮自己特色》鹽月彌榮子／光文社
9《不只令人心動，更讓人行動的言語力：一開口就動聽、一下筆就吸睛，日本頂尖廣告文案人教你深化思考，優化表達，你也能很有影響力！》梅田悟司／遠流
10《成為「好想多跟你聊聊」的人的44個方法》吉原珠央／幻冬舍
11《傷害別人的說話方式、受人喜愛的說話方式》澀谷昌三／WAC
12《職場五力》白潟敏朗／麥田
13《世界最強顧問的6堂說話課 從重點開始說 重新排列你的「說話順序」，讓對方聽得頻頻說好！》田中耕比古／大樂文化
14《成功人士的說話法則和溝通術》箱田忠昭／FOREST出版
15《破解！撼動全世界的TED祕技》傑瑞米・唐納文／行人
16《論辯論家　上・下》西塞羅／岩波書店
17《大家來看賈伯斯：向蘋果的表演大師學簡報》卡曼・蓋洛／美商麥格羅希爾
18《超一流雜談力》安田正／文響社
19《傳達力2　效果更好！說、寫、聽的技術》池上彰／PHP研究所
20《絕對內定2020面試篇》杉村太郎、熊谷智宏／鑽石社
21《說話力》戴爾・卡內基（著）、東條健一（譯）／新潮社
22《「收買人心」黑色心理戰術》內藤誼人／大和書房
23《業務之神的絕學》加賀田晃／大樂文化
24《最高說話術：改變上千名大老闆和企業幹部的50個說話技巧》岡本純子／春天出版
25《成功人士的說話大全》話題達人俱樂部（編）／青春出版
26《人因說話方式改變九成》福田健／經濟界
27《如何聊進心坎，讓人主動說出心裡話？》吉田尚記／三采
28《雜談力　說故事讓人開心》百田尚樹／PHP研究所
29《聰明人和笨蛋的說話方式》樋口裕一／幻冬舍
30《不冷場！人氣王的說話秘訣50招》杉山美奈子（審訂）、伊藤美樹（繪圖）／三采
31《一句話改變人生》齋藤茂太／春光
32《漫畫版　輕鬆不費力、不著痕跡、迅速俐落的反駁技巧》優希有（著）、Jam（漫畫）／三笠書房
33《頂尖人士的職場武器 99%人忽略的1%工作訣竅！》河野英太郎／楓書坊
34《真正有效的男孩的責罵與稱讚法》小崎恭弘／昂舍

35《神表達　善用「說話技巧」讓人生更順利》星涉／KADOKAWA
36《說話的力量》齋藤孝、安住紳一郎／鑽石社
37《我一定要跟你聊超過15分鐘：開場、提問、接話，從搭訕、陌生拜訪、到凝聚感情……幫助百萬人從此擺脫尷尬、緊張與冷場》野口敏／大是文化
38《阿川流傾聽對話術：日本最深入人心的談話性節目女王教你對話的魅力，如何傾聽、如何引起共鳴、卸下心防》阿川佐和子／野人
39《知的技法　東京大學教養學部「基礎演習」教科書》小林康夫、船曳建夫（編）／東京大學出版會
40《過去沒人教導在眾人面前說話的奧義　一年330場演講的專業演說家暢談演說祕訣》鴨頭嘉人／KAMO出版
41《日本頂尖知識YouTuber資訊彙整術》及川幸久／樂金文化
42《卡內基演講術》戴爾・卡內基／晨星
43《妙趣橫生！擄獲人心黃金說話術》野呂映志郎／台灣東販
44《說話高手在眾人面前暢談的祕訣》中谷彰宏／鑽石社
45《只要一天，連聲音都能變好聽的說話術教科書》魚住理英／東洋經濟新報社
46《辯論術》亞里斯多德／岩波書店
47《你不只是新人，你是好手：職場第一年必學的30個工作技能與習慣，步步到位！》大石哲之 ／遠流
48《面試高手　聖經版》中谷彰宏／鑽石社
49《只要1分鐘讓對方認為自己辦得到》樋口裕一／幻冬舍
50《專業諮商師的提問技巧》東山紘久／創元社
51《一分鐘說重點的表達技巧》齋藤孝／PHP研究所
52《瞬間說重點的表達技巧　成為講理的人世界第一簡單的思考法》三谷宏治／神吉出版
53《聰明解說『一學就會』的祕訣》鶴野充茂／三笠書房
54《和田裕美教你討人喜歡的說話術　受人喜愛的人設改變人生！》和田裕美／大和書房
55《阿德勒教你如何說話被喜歡：連「拒絕」、「說不」都能讓人感覺溫暖的說話術！》戶田久實／大樂文化
56《被罵的能力　阿川流傾聽對話術2》阿川佐和子／文藝春秋
57《進公司第一年的商業禮儀教科書　超簡單圖解！》金森TAKAKO（著）、西出HIROKO（審訂）／ PRESIDENT社
58《女人因說話方式改變九成》福田健／經濟界
59《為什麼世界頂尖人士都重視這樣的基本功？：讓高盛、哈佛、麥肯錫菁英一生受用的48個工作習慣》戶塚隆將／天下文化
60《最高學以致用法：讓學習發揮最大成果的輸出大全》樺澤紫苑／春天出版
61《成熟大人回嘴的藝術：有人酸你、挖苦、打壓、諷刺你時，與其默默承受，你要走到對方面前這樣說……》片田珠美／大是文化
62《成熟大人一定要知道的話術筆記》櫻井弘（審訂）／永岡書店
63《賺錢公司的溝通鐵則》小山昇／朝日新聞出版
64《男人為何不明察，女人幹嘛不明說： 37條同理溝通潛規則，教你怎麼說都貼心》五百田達成／方舟文化

65《一句入魂的傳達力：掌握關鍵十個字，讓別人馬上聽你的、立刻記住你》佐佐木圭一／大是文化
66《最高閒聊法：再尷尬也能聊出花來，一生受用的人際溝通術》五百田達成／方智
67《超一流雜談力　超・實踐篇》安田正／文響社
68《「淺顯易懂的說明」技巧　最強簡報術15個法則》藤澤晃治／講談社
69《提升閒聊力的說話技巧　30秒打動人心的會話原則》齋藤孝／鑽石社
70《交涉力　改變結果的表達技巧、思考方法》橋下徹／PHP研究所
71《言語化力　說出來的話改變人生》三浦崇宏／SB Creative
72《寫給沒有辭彙力就出社會的人》山口謠司／WANI BOOKS
73《十分鐘吸引他人的說話力》齋藤孝／大和書房
74《因為我們不了解彼此　何謂溝通能力》平田織佐／講談社
75《只靠靈感，永遠寫不出好文案！：日本廣告天才教你用科學方法一小時寫出完美勸敗的絕妙文案》佐佐木圭一／如果出版
76《教養是一生的武器：日本最受歡迎禮儀專家教你好好做人，展現品格的力量》諏內江美／漫遊者文化
77《線上表達技巧的不同之處》矢野香／昂舍
78《說理Ⅰ：任何場合都能展現智慧、達成說服的語言技術》傑伊・海因里希斯／天下雜誌
79《職場日語語彙力：學會「日式思維」換句話說，溝通無往不利》齋藤孝／EZ叢書館
80《學日文都該懂最美的「大和言葉」：嚴選21個場景388個詞彙，隨時都能說出優雅的日文》高橋KOJI／三采
81《公認淺顯易懂的說明技巧》淺田卓／Sunmark出版
82《淺顯易懂的傳達技術》池上彰／講談社
83《幽默風趣的技術》小林昌平、山本周嗣、水野敬也／新潮社
84《提升發表技巧　從演說到簡報》室木OSUSHI（漫畫、插圖）／旺文社
85《這樣讚美與責備，養出高自尊孩子：精通蒙特梭利、瑞吉歐的牛津博士這樣和孩子說話》島村華子／采實文化
86《你說的話為什麼別人聽不懂？》山田ZOONIE／筑摩書房
87《辯論高手》蓋瑞・史賓斯／時報出版
88《怒氣管理　1分鐘解決！不生氣的表達技巧》戶田久實／神吉出版
89《令人生氣的一句話因應術》芭芭拉・貝克漢（著）、瀨野文教（譯）／草思社
90《育兒開心建議　告訴孩子父母愛你的讚美法與責罵法》明橋大二（著）、太田知子（插圖）／一萬年堂出版
91《一瞬讓人說YES的心理戰略》DaiGo／鑽石社
92《將心情化為語言的魔法筆記本　讓好口才成為你的武器　實踐篇》梅田悟司／日本經濟新聞出版
93《世界一流菁英的77個最強工作法：IQ、學歷不代表工作能力，是習慣和態度讓人脫穎而出！》金武貴／時報出版
94《提問力　說話高手就是這點不同！》齋藤孝／筑摩書房

95《評論力　高手就是這點不同！》齋藤孝／筑摩書房
96《對峙力　與所有人都能大方交流的溝通術》寺田有希／CrossMedia Publishing
97《凡人變身最強業務員的說話魔法》佐藤昌弘／立村文化
98《不是文案撰稿人也要知道的掌握人心超語言術》阿部廣太郎／鑽石社
99《創造說話力量的一本書》山田ZOONIE／三笠書房
100《聰明人和笨蛋的找藉口技巧》樋口裕一／PHP研究所
101《日英對照版　歐巴馬演說集》歐巴馬（口述）、CNN English express編輯部（編）／朝日出版社
102《孩子因說話方式改變九成》福田健／經濟界
103《邏輯簡報　有效傳達自己想法的戰略顧問提案技術》高田貴久／英治出版
104《這樣的說法太輕浮！　公司高層都會的人前說話技巧》矢野香／昴舍

謝辭

這是藤吉豐與小川真理子共著的第二本書，在製作本書期間，承蒙各界人士伸出援手。

詳列如下，特此感謝。

- 株式會社日經BP　宮本沙織（本書責任編輯。具備卓越的領導力，工作細心迅速，總是為人著想，這次仍拜託她統籌。）
- chloros　齋藤充（經手本書內頁設計。若要做出令人想看的設計，找他就對了。他是藤吉與小川最信任的人氣設計師。）
- krran　西垂水敦、松山千尋（負責封面設計）
- 大叢山福嚴寺　大愚元勝住持（株式會社文道的命名者）
- 株式會社Nalanda出版　廣瀨知哲（一路陪伴文道成長的知己）
- Y's Academy株式會社　永田雄三（支持文道活動的富女子會會長）
- 本書介紹的一百本書作者
- 購買本書的所有讀者

最後，謝謝一直支持藤吉與小川的家人們。

作者簡介

藤吉 豐（FUJIYOSHI YUTAKA）

株式會社文道董事長。與其他三名有志一同的夥伴組成編輯團隊「chloros」。日本電影筆會會員。曾經任職於編輯製作公司，經手企業宣傳雜誌、一般雜誌、書籍編輯與寫作等業務。離開編輯製作公司後，進入出版社工作，歷任兩本汽車專業雜誌的主編。從二〇〇一年成為自由編輯，從事雜誌、企業宣傳雜誌的製作、商業書籍企劃、執筆與編輯。採訪超過兩千人，包括文化人、經營者、運動員、寫真偶像等。二〇〇六年以後，投入商業書的編輯協力工作，撰寫超過兩百本書。也教導大學生和社會人士寫作技巧。作品包括合著《最高寫作法》、個人著作《文章力是最強武器》（SB Creative）。

小川真理子（OGAWA MARIKO）

株式會社文道董事。「chloros」成員。日本電影筆會會員。日本女子大學文學部（現為人類社會學部）教育學科畢業。曾經任職於編輯製作公司，經手雜誌、企業宣傳雜誌、書籍編輯與寫作等業務。後來成為自由寫手，與大型廣告代理公司的相關公司合作製作企業網站內容，擴展工作範圍。目前從事商業書、實用書、以企業為客戶的宣傳雜誌等的編輯與執筆。採訪過無數人，包括兒童、市井小民、帥氣演員、文化人等。擅長領域為「生活綜合」、自我啟發等。作品包括合著《最高寫作法》、親自擔任企劃編輯執筆的書有《父母生病時該讀的書》（椎出版）。近年也致力於寫作講座。

文道
https://bundo.style/

Facebook
https://www.facebook.com/BUNDO.inc

YouTube「**文道TV**」
https://www.youtube.com/channel/UC4Tp1uYoit3pHXipRp_78Ng

最強說話術 / 藤吉豐, 小川真理子作 ; 游韻馨譯. -- 初版. -- 臺北市 : 春天出版國際文化有限公司, 2024.12
面； 公分. -- (Progress ; 32)
譯自：『話し方のベストセラー１００冊』のポイントを１冊にまとめてみた。
ISBN 978-957-741-969-9(平裝)
1.CST: 說話藝術 2.CST: 口才

192.32　　113015823

最強説話術

「話し方のベストセラー100冊」のポイントを1冊にまとめてみた。

Progress 32

作　　者◎藤吉豐、小川真理子
排版設計◎齋藤充（クロロス）
譯　　者◎游韻馨
總 編 輯◎莊宜勳
主　　編◎鍾靈
出 版 者◎春天出版國際文化有限公司
地　　址◎台北市大安區忠孝東路4段303號4樓之1
電　　話◎02-7733-4070
傳　　真◎02-7733-4069
E－mail◎frank.spring@msa.hinet.net
網　　址◎http://www.bookspring.com.tw
部 落 格◎http://blog.pixnet.net/bookspring
郵政帳號◎19705538
戶　　名◎春天出版國際文化有限公司
法律顧問◎蕭顯忠律師事務所
出版日期◎二〇二四年十二月初版
定　　價◎360元

總 經 銷◎楨德圖書事業有限公司
地　　址◎新北市新店區中興路2段196號8樓
電　　話◎02-8919-3186
傳　　真◎02-8914-5524
香港總代理◎一代匯集
地　　址◎九龍旺角塘尾道64號 龍駒企業大廈10 B&D室
電　　話◎852-2783-8102
傳　　真◎852-2396-0050

ISBN 978-957-741-969-9
Printed in Taiwan

HANASHIKATA NO BEST SELLER 100 SATSU NO POINT WO 1 SATSU NI MATOMETE MITA written by Yutaka Fujiyoshi, Mariko Ogawa

Originally published in Japan by Nikkei Business Publications, Inc.
Complex Chinese translation rights arranged with Nikkei Business Publications, Inc.
through Future View Technology Ltd.